André Bleus

Comment être (plus) créatif?

André Bleus

Comment être (plus) créatif?

Éditions Vie

Imprint
Any brand names and product names mentioned in this book are subject to trademark, brand or patent protection and are trademarks or registered trademarks of their respective holders. The use of brand names, product names, common names, trade names, product descriptions etc. even without a particular marking in this work is in no way to be construed to mean that such names may be regarded as unrestricted in respect of trademark and brand protection legislation and could thus be used by anyone.

Cover image: Fourni par l'auteur

Publisher:
Éditions Vie
is a trademark of
Dodo Books Indian Ocean Ltd., member of the OmniScriptum S.R.L Publishing group
str. A.Russo 15, of. 61, Chisinau-2068, Republic of Moldova Europe
Printed at: see last page
ISBN: 978-613-9-59008-7

A, Myriam, ma compagne,
pour son engagement dans l'aventure
de « Myr'Art » et du « Temps D'Etre ».
Pour sa recherche continue de solutions
et son sourire omniprésent.

A, Lionel, mon fils,
pour qu'il soit créatif
dans son futur métier et dans sa vie.

A, Paula, ma mère, pour ses attentions
et ses encouragements.

A, Christine, ma sœur,
pour sa créativité dans ses bricolages
et dans sa vie.

A, Georges, mon père, pour toutes les astuces
et idées lors de la construction
de notre maison.

Table des matière

1 - INTRODUCTION

« Créer est le seul domaine où il faut se déposséder pour s'enrichir »
Malcom de Chazal

L'ivresse de la création : lorsque l'esprit va plus vite que la main qui écrit, lorsque le pinceau ne suit pas la fulgurance des couleurs que l'on imagine, lorsque les différentes pièces d'un bricolage prennent forme devant nos yeux sans besoin d'en faire un plan.

La créativité, c'est la transcendance de l'esprit. C'est un bouillonnement d'idées. Cela représente la liberté absolue de penser comme l'on veut, et de présenter le fruit de ses réflexions d'une façon la plus originale, la plus libre possible et le plus motivante pour soi et pour autrui.

Dans la recherche d'une solution, le plus difficile et le plus important est de ne pas se bloquer.

Il faut absolument détendre son esprit, lui permettre d'aller dans tous les sens, de lui fournir cette liberté qui sera son oxygène libérateur.

La créativité permet de découvrir un autre soi, une autre attitude de sa personne, une réaction différente aux problèmes quotidiens.

Une des clefs de la réussite d'une bonne créativité est de retrouver cet étonnement présent de façon naturel chez l'enfant, et qui s'est émoussé au fil du temps, des contraintes de l'adulte, du « qu'en dira-t-on », de trop bien faire la première fois et du refus de l'échec.

Il nous faut absolument retrouver cet étonnement, cet émerveillement, ce relâchement créateur.

Si la création peut être réglementée par certaines règles et méthodes, elle doit avant commencer par de la spontanéité, de la liberté de penser sans contrainte, gage d'un fertiles agencement d'idées.

La création doit permettre une sorte mise à nu, de mise à zéro de l'individu, sur un sujet ou un problème donné. Elle doit permettre de se défaire d'un problème agaçant et récurent.

Elle doit donner la possibilité de se lâcher sur certaines questions difficiles à résoudre.

Les méthodes créatives fournissent à qui veut ou peut s'en servir, un outil formidable d'ouverture d'esprit.

Rien n'est plus stimulant que de pouvoir sans crainte, sans censure, sans barrière, donner son opinion ses idées, de réaliser une œuvre sur un sujet précis.

Nous avons en chacun de nous un esprit qui ne demande qu'à s'éveiller, à s'épanouir et « exploser » de façon créative.

Il faut lui fournir un terrain, un terreau, un tremplin vers un monde nouveau, ouvert sur des possibilités jusque là inconnues et insoupçonnées.

Nous nous prenons pour un petit génie, et nous construisons, parce que nous trouvons nos idées originales et qui plaisent, notre piédestal à notre gloire créatrice personnelle.

La créativité dépend avant tout de nous. N'ayons pas d'appréhension à nous renfermer, à nous mettre dans une bulle, notre bulle, pour y trouver calme et sérénité. Cela nous permettra de laisser éclore notre moi intérieur, et d'y trouver les ressources nécessaires pour faire éclore des idées originales.

Rien n'est plus stimulant de voir, que nous pouvons trouver des solutions originales à un de nos problèmes et de pouvoir les mettre en pratique.

2 – Qui suis-je ?

« Je suis libre de penser, d'agir, d'imaginer, de choisir, d'aimer, d'accepter ou de ne pas accepter. Je suis surtout libre d'être qui je suis »
La solution est en vous.com

Né en 1959 à Liège, je fais des études secondaires classiques. Après celles-ci, je finalise un graduat en comptabilité.

Mais, je me rends compte que je ne suis pas trop fait pour la vie de bureau. Je commence donc une carrière professionnelle comme aide-magasinier, puis magasinier. Je deviens responsable de stock pour la Belgique, puis pour l'Allemagne, et enfin pour la Suisse. De retour en Belgique, je deviens gérant d'une Pizzeria, puis d'un magasin de rénovation de sol, pour finir comme gérant d'une grande surface.

Ces années professionnelles (de 1982 à 1991) m'ont permises de travailler dans plusieurs domaines : la décoration d'intérieur, les vêtements pour bébés et futures mères, la pizza, la rénovation de sol, le carrelage et les carburants.

Cela m'a également permis de travailler dans plusieurs pays d'Europe : en Belgique évidement, puis comme mentionné plus haut en Suisse et en Allemagne, mais aussi en France, en Hollande, en Suède , en Autriche et au Danemark.

Après, je commence une carrière dans l'enseignement. D'abord en cours du soir par des cours à des adultes (comptabilité, Droit Civil et Informatique), qui désire prendre le statut d'indépendant.

Ensuite, en cours du jour dans le secondaire inférieur, pour des cours d'Economie et de Droit Civil.

En 2000, avec ma compagne, nous ouvrons un commerce de Beaux Arts, c'est-à-dire, toutes les fournitures nécessaires pour un artiste peintre, ainsi que pour le bricolage.

En 2012, en parallèle, nous ouvrons un resto Bio, ciblé sur le sans lactose, sans gluten, végétarien et bio.

3 – Petite histoire de la créativité

« Toute création est, à l'origine, la lutte d'une forme en puissance contre une forme imitée »
André Malraux

Avant d'analyser les méthodes qui nous permettrons d'être plus créatif, il est important, je crois, de voir d'où nous venons, et d'explorer la créativité chez nos ancêtres.

La créativité n'est pas à confondre avec l'imagination, et est tantôt définie comme aptitude, tantôt comme processus.

L'origine du mot vient du latin *creatio*, dérivé de *creare*, c'est-à-dire l'action de produire, soit à partir de rien : *ex nihilo* (sens propre, qui est celui de la Genèse), soit par une combinaison originale de données préexistantes.

Pour Mac Kinnon : « La créativité est un processus qui se déroule dans le temps et qui se caractérise par l'originalité, l'esprit d'adaptation et le souci de réalisation concrète ».

Pour Taylor : « La créativité est un processus intellectuel qui a pour résultat la production d'idées à la fois neuves et valables ».

Pour le dictionnaire : « La créativité est l'action de créer, de tirer du néant. C'est quelqu'un quia l'esprit inventif ».

On estime généralement, que la créativité est caractérisée par une suite plus ou moins constante de traits de génie qui ont permis à l'humanité de progresser.

Ce sont des moments privilégiés qui ont conduit à un nouvel état de chose, faisant rupture avec une tradition considérée souvent comme obsolète. Ces découvertes ont su ouvrir une voie nouvelle dans notre vie quotidienne.

Prenons par exemples les faits suivants : la domestication du feu, le roue, la domestication du vent, l'imprimerie, la voile, la boussole, la gravitation universelle, la machine à vapeur, le vaccin, la relativité, le nomadisme, le coussin d'air, le concept de SUV, etc.

Il est important de remarquer qu'au départ de chaque invention s'est situé un acte créatif. De façon certaine, la créativité en tant que fait à précédé de beaucoup la créativité en tant que concept, et en tant que théorie.

L'histoire a classé l'évolution de la créativité en cinq classes distinctes :

A) Le courant classificateur (ou logique)

Une des premières démarches de l'homme a été d'ordonner et de classer le monde et l'univers qui l'entourait pour simplifier sa perception de ce qui l'entourait.

La tentative de définir un ordre est d'abord grecque en la personne de Platon. Il établit le principe que chaque être se définit par rapport aux concepts dont il dépend.

Aristote va développer cette approche et l'étendre des objets de la nature aux objets de la pensées.

Le moyen-âge va poursuivre sur cette voie et va la développer pour étudier les ressemblances et dissemblances des objets entre eux.

Au XVIIème siècle, les naturalistes vont appliquer ces méthodes de pensées à l'univers des être animés ou inanimés. L'ordonnancement et la différenciation vont conduire aux grandes classifications de « l'histoire naturelle ».

Au XIXème siècle, Boole, va mettre au point la théorie des ensembles qui fournira plus tard l'instrument de l'informatique moderne.

Cette démarche peut être considérée comme la mère de la créativité, car elle a développé en nous l'aptitude à saisir des ressemblances entre les êtres et les choses, et par conséquent, à transférer de l'un à l'autre les propriétés, les structures ou les explications.

Sa limite est de penser qu'une chose une chose classée est définitivement à sa place. C'est donc un modèle utile dans certains cas mais rigide dans d'autres, car il a tendance à considérer que tout est figer une fois classer.

B) Le courant expérimental

De tous temps, les hommes ont élaborés de nombreuses hypothèses scientifiques (comme le mouvement circulaire des planètes ou la composition de la matière). Mais peu de ces hypothèses sont vérifiées, c'est-à-dire suivies de ce que l'on appelle « la vérification expérimentale ». Donc, on va mettre au point une méthode pour circonscrire et démontrer la vérité.

Il faut garder à l'esprit, que la créativité n'est pas une collection de trucs ou d'idées mis au point par un ingénieur, mais simplement une prise de conscience de notre volonté d'avoir des modes de pensées différents.

Il faudra alors créer certains instruments pour analyser, répertorier et classer le fruit des observations.

Cette méthode va enlever le caractère mythique ou « inspiré » des découvertes d'autrefois. Cette démarche, améliorée, modifiée, transcendée au cours, en autre, de la renaissance, va fonder la méthode expérimentale et la science moderne : « tous les phénomènes ont des causes, les mêmes causes produisent les mêmes effets ».

L'expérimentation va devenir la seul vraie source de vérification et tendra à figer le résultat de la découverte comme vérité.

En fait, c'est la naissance de l'induction. Stuart Mill et Taine vont développer quatre méthodes de vérifications : les méthodes de concordance, de différence, des variations concomitantes et des résidus.

C) Le courant fonctionnel

Il est intéressant pour l'homme de développer des outils, mais il doit le faire pour asservir la nature. Il doit y avoir dans cette recherche le point de vue utilitaire. Il faut que l'homme résolve les problèmes en utilisant les connaissances de son époque.

Depuis que l'homme est sur cette terre, il se fabrique des outils et améliore sa culture. Au début, il le fait de façon instinctive. La transmission se fait de génération en génération. On se transmet un tour de main ou une technique pour faire telle ou telle chose. L'outil se perfectionne lentement.

Mais avec l'évolution et l'éclosion d'un monde industriel, il a fallu apprendre à inventer de nouveaux outils directement utilisables.

Il existe dans ce domaine deux méthodologies parallèles :

a) L'analyse de la valeur

C'est une méthode américaine qui distingue l'outil de la fonction. Ce qui est important, c'est la fonction que l'outil doit assurer auprès de l'homme.

b) L'étude des motivations

C'est une méthode allemande qui tente de prouver que les outils de l'homme n'ont pas seulement une finalité utilitaire, mais aussi une dimension émotive et affective qu'il faut comprendre et analyser.

D) Le courant combinatoire

On se trouve en création devant une loi fondamentale : il n'y a pas de création à partir de rien, mais toute invention toute création est la mise en relation de deux ou plusieurs choses.

Koestler appelle « la bisociation ». Leclercq parle « d'une combinaison de concepts », et Moles en parle comme « l'aptitude à réarranger les éléments du champ de conscience d'une façon originale ».

En fait, la créativité n'est pas autre chose que la pratique qui consiste à explorer notre mental, de faire l'inventaire de nos connaissances, et d'essayer de les rapprocher les unes des autres pour donner naissance à une idée ou une invention originale.

Les techniciens de la créativité ne se privent pas de faire appel à des structures combinatoires pour stimuler la recherche et l'éclosion des idées.

On arrive à un paradoxe, c'est que de tout temps le hasard est considéré comme une des sources de l'invention. Mais, comme la chance, Charles Nicolle, affirme qu'il ne sert que ceux qui savent le capter.

E) Le courant intuitif et la découverte du rôle de l'inconscient

Après avoir fait l'éloge de la raison, et affirmé que toute invention de l'imaginaire dans le processus de recherche ne pouvait que retarder ou compromettre l'éclosion d'une idée, on a fait place au sentiment.

On a donné la prépondérance au sentiment qui a trouvé sa place, en servant d'initiative, car le sentiment entraîne l'intuition. Et la création, dans sa recherche d'idées, est une affaire d'intuition.

Mais après la deuxième guerre mondiale, l'avenir des nations est dans leurs capacités à réaliser des découvertes scientifiques et de s'adapter aux nouvelles technologies. On va donc arriver à un mélange des différentes méthodes, mais tout en reconnaissant malgré tout quelques points communs indispensables :

- Pour arriver à une création, il faut une combinaison de concepts ;
- La recherche créative peut être stimulée par une « attitude de relâchement logique » et critique.
- Il est également important d'employer des techniques de groupes dans lesquels l'émulation multiplie la puissance combinatoire de la création.

Il apparaît également que la créativité n'est pas un fardeau, un retardateur, mais doit être considérée comme un élément indispensable de mise au point.

F) L'explosion créative

Il apparaît que la création n'est pas quelque chose de négatif, mais il faut la considérer comme un élément indispensable, ou plutôt comme un complément d'un processus de mise au point.

Elle va rendre la découverte plus volontaire, plus spontanée, moins rigide, parce qu'elle va permettre à l'individu de se mettre dans une situation de relâchement, de prise de distance par rapport aux problèmes, dans une ambiance propice à l'éclosion de la solution.

Beaucoup considèrent la créativité comme une nouvelle conception de l'intelligence. Pas du tout. Elle est présente pour bouleverser nos schémas de réflexions. Elle va nous rendre moins rigide face à un problème et surtout, elle va nous permettre de passer au-dessus de nos blocages.

Il apparaît également que la créativité est une manière de réfléchir, de s'interroger sur une idée ou un problème, mais d'une façon inhabituelle.

Pour être créatif, il faut utiliser d'une manière différente nos connaissances. Il faut les assembler, les agencer de manières nouvelles, incongrues, inattendues ou insolites pour en faire jaillir l'idée neuve, le concept nouveau.

Pour être créatif, il faut s'écarter des règles et aller trouver l'idée, les idées au plus profond de notre conscient, parfois même explorer des régions, des endroits totalement inhabituels, et arriver à cette audace d'utiliser des idées qui mèneront à la découverte de nouvelles idées pratiques.

Ce n'est en fait que le résultat d'une illumination et d'une audace dans la réalisation immédiate et la présentation de votre nouvelle idée.

L'esprit créatif permet de rendre l'ordinaire extraordinaire. Comme le disait Albert Szentgyörgyi (prix Nobel de physique) : « Découvrir, c'est voir la même chose que tout le monde et penser autrement ».

L'individu créatif est donc quelqu'un qui a abandonné des structures ou des schémas appris, qui les remet en cause pour en construire de nouveaux. Cela suppose un pouvoir d'adaptation aux situations nouvelles, l'aptitude à synthétiser, l'assimilation des données et une faculté d'évaluation certaine.

Il est également admis, que dans la conscience existe des synthèses nouvelles que ne peut expliquer aucune préparation ou maturation.

La création serait instantanée ou spontanée, c'est-à-dire qu'elle n'obéirait à aucune contrainte extérieure ou ne serait pas poussée par autrui, mais serait le fruit d'une impulsion interne de l'individu lui-même qui exécuterait une action ou développerait une idée sans que la volonté intervienne.

La spontanéité est quelque chose qui exprime sans détour ce que l'on ressent. Par extension, la créativité devrait être la faculté de développer, d'affirmer et de présenter des idées sans contraintes, sans frein.

Il s'agit de faire exister, c'est-à-dire de révéler à notre conscience des phénomènes nouveaux.

Jaoui décrit la créativité comme une lame de fond puissante, se jetant avec violence sur le rivage de la réalité.

G) Depuis quand pratique-t-on la créativité ?

Avant les années 40-45, on avait pour ainsi dire une créativité systématique.

Après les années 40-45, on met sur pied des séminaires pour essayer de la développer. On prend conscience à ce moment de la puissance du groupe.

Plus tard, dans les années 60-70, on va procéder à une instauration systématique de séminaires.

En fait, dans les années 50, l'offre de séminaires de créativité existe. Il faut attendre les années 70 pour avoir une demande considérable. Nous sommes à la fin des « golden sixties », et il faut une croissance à n'importe quel prix. D'où, la mode de la créativité qui va s'instaurée, d'autant plus rapidement que depuis des années, au point de vue économique, l'offre à dépassé la demande. Qu'il est impératif, pour continuer à vendre comme auparavant, de repositionner le produit par rapport à la demande.

Il peut y avoir plusieurs sortes de créativité : la créativité artistique, architectural, littéraire, culinaire, etc. Mais toutes ses sortes ont trois points en commun :

1°) la volonté de trouver, d'engendrer quelque chose de nouveau.

2°) Il faut que se soit des idées originales, non encore pensées ou réalisées.

3°) cela vous donner la possibilité, voire le pouvoir de changer les choses.

4 - Les obstacles à la créativité

« Les limites nous enferment de plus en plus, seules demeurent les frontières créatives de l'esprit »
William JJ Gordon

Pour quelle raison a-t-on si difficile d'être créatif ?

Peut-être parce que dans la plupart des cas de la vie quotidienne, nous n'avons pas besoin d'être créatif pour la majorité des choses que nous entreprenons.

Par exemple, nous n'avons pas besoin d'avoir des idées exceptionnelles pour allumer un four, tondre une pelouse ou brancher une lampe. Pour faire face à la vie de tous les jours, nous avons mis au point des procédures, des habitudes qui nous permettent de vivre sans encombre.

Nous avons donc par la force des choses, des attitudes qui vont limiter nos raisonnements dans une sorte d'attentisme, et faire que l'on pensera toujours de la même manière.

Sans être irrespectueux des règles en général, vous aurez du mal à laisser votre créativité s'exprimer, si vous êtes perpétuellement trop pratique, respectueux des règles, si vous avez peur de commettre des erreurs ou si vous avez encore plus peur de les exposer à autrui.

Mais cela est normal, notre vie quotidienne est une pression exercée sur nous pour que nous suivions les règles. Depuis notre plus tendre enfance, on nous conditionne aux règles, aux règlements, aux bonnes manières, à faire de telle façon et pas de telle autre. Et au fil du temps, nous nous sentons plus à l'aise lorsque nous suivons les règles plutôt que de les défier.

Nous sommes influencés pour trouver une seule solution à un problème. C'est que l'on appelle un modèle rationnel. Une façon de travailler linéaire.

De plus, dans le monde du travail actuel, il nous est demandé de plus en plus de nous spécialisé, d'être « pointu » dans un domaine précis. Cette spécialisation est un frein à la créativité, car elle nous empêche d'avoir une vue plus globale, plus générale du monde qui nous entoure.

Pour arriver à un résultat satisfaisant, il faudra réunir une série de spécialiste, qui mis ensemble, auront une vue plus étendue du problème à résoudre.

La créativité devrait être hors de toute logique. C'est par sa possibilité de permettre l'émergentes d'idées de tous horizons, qu'elle est un moyen puissant de progrès. La créativité doit permettre d'explorer des régions, ou des possibilités que l'on n'aurait pas explorées en temps normal.

Donc, au lieu d'aller dans la direction apprise, à la limite programmée dans notre esprit au fil des années vers ce que l'on appelle « la pensés convergente », il faut aller à contre courant, hors des sentiers, loin du quotidien, loin du train-train, loin de nos habitudes, vers un autres ailleurs, c'est-à-dire avoir « la pensée divergente ».

Le départ d'une créativité est dans la possibilité de penser qu'il n'y a pas une seule solution mais plusieurs solutions possibles dans des directions différentes. En fait, il faut disperser sa pensée, son effort de recherche. Et puis, s'il n'y a pas de solution, c'est qu'il n'y avait pas de problème.

La pensée divergente se caractérise d'abord par :

- **Elle se produit en principe dans un cadre spontané et non dirigé**. Elle n'a pas besoins de barrières.

- **Une meilleure élaboration**. Notre capacité à trouver des idées de plus en plus originales.

- **Une fluidité**, c'est-à-dire par le nombre de réponses que l'on peut faire à une question posée, sans se préoccuper de la cohérence des réponses. Je dis souvent, qu'avec plusieurs réponses qui ne sont pas forcément cohérente, on peut en établir une bonne.

- **Ensuite, par une flexibilité**, c'est-à-dire avoir des idées dans des domaines, des catégories différentes.

- **Et enfin, l'originalité**, c'est-à-dire des réponses nouvelles, pas encore trouvées.

Les obstacles à une pensée divergente peuvent être également les suivants :

- Un manque de confiance en soi, qui incite à se réfugier dans le déjà-connu. Il est doux et rassurant de prendre toujours les mêmes chemins, les mêmes voies de réflexions. Il est rassurant d'emprunter jour après jour les mêmes voies d'investigation.

- La crainte de découvrir des vérités désagréables. Des vérités qui vont à contresens de nos pensées, de la façon dont nous percevons les choses et les personnes.

- Un manque de motivation dans le travail, à cause d'un patron trop autoritaire et trop présent, ou parce qu'il n'est pas un bon exemple de faire autrement que ce qui se fait depuis des années, dans la société dans laquelle vous travaillez ou dans l'école où vous enseignez. Arriver avec une autre façon de penser ou d'apprendre dans un lieu où l'habitude est reine va choquer les sensibilités.

- La crainte des critiques et des responsabilités de présenter un projet ou une idée et de devoir l'assumer par la suite. On est souvent désarmé lorsque l'on doit présenter quelque chose de nouveau. On a une appréhension des critiques. On a peur des remarques. Mais, même mes remarques valent mieux que rien du tout, c'est la preuve que votre interlocuteur n'est pas indifférent, pour une raison ou l'autre, à ce que vous lui présentez.

- Le poids des modèles anciens et des traditions vont être un frein un renouveau des idées et des procédures.

- Un goût exagéré pour le bon sens, alors que l'idée géniale est souvent cachée dans le courant opposé à l'habitude.

- La satisfaction des méthodes et des résultats actuels. Il est bon de se dorer le blason de nos satisfactions. Mais à se reposer trop longtemps, on finit par perdre le goût de l'entreprise, d'initiative.

- Une attitude fausse face aux problèmes. On pense que ce qui est à solutionner est trop difficile. Il n'est pas nécessaire de vouloir tout résoudre sur une seule journée. Il faut se laisser le temps de la réflexion. Souvent, lorsque l'on est capable de prendre un peu de recul par rapport aux questions, la réponse vient plus facilement.

- On a de fausses notions sur la réussite. On pense qu'une fois le problème solutionné, on peut se reposer. Un créateur trouvera toujours qu'il est possible d'améliorer. Même un produit parfait, pour quelqu'un de volontaire, après un certain temps d'utilisation, présentera encore des défauts ou des possibilités à ajouter.
- Une tendance à comparer. Avant de se mettre à chercher, on est déjà persuadé qu'il ne sera pas possible de faire mieux. Pourquoi toujours regarder chez les autres, nous devons faire plus souvent œuvre personnelle. Cela sera plus enrichissant pour notre personnalité.

- Le manque d'émotions. Certaines personnes ne s'étonnent plus de rien ou ne sont plus étonnées par certaines choses. Sans émotion pour déclencher une réflexion, il n'y a plus de créativité. Sans émotion, il n'y a plus de vie. Et sans vie, il n'y a plus de création.

- Le désir ou la volonté de conformisme. Rien n'est plus dur pour certaines personnes que de faire une seule fois autrement que d'habitude. Le quotidien est trop rassurant pour les créateurs, ils ont besoin de se projeter dans le futur.

Comme vous pouvez le constater, les limitations à la créativité viennent essentiellement de la personne, donc de vous. Il ne s'agit peut-être pas d'une remise en question complète de votre mode vie ou de pensée, mais d'essayer, au moins, pour un ou plusieurs problèmes précis, de voir, de réfléchir, d'agir différemment. D'aller dans une autre direction, si ce n'est pas à contre courant. Avoir le courage d'emprunter des chemins de réflexion inattendus, insolites, et d'entrevoir les possibilités de cette démarche.

5 – LA CRÉATIVITÉ : MODE D'EMPLOI POUR LE SECTEUR PRIVÉ

« *L'homme habité par une idée neuve est loufoque jusqu'à ce qu'elle soit reconnue* »

Mark Twain

A) Les motivations

Certaines personnes pensent d'une façon raisonnable, au vu de l'actualité, que les problèmes d'aujourd'hui ne peuvent pas être résolus avec des idées d'hier.

On admet le plus souvent, que ce qui a fonctionné hier, ne fonctionnera plus demain. Et donc, pour garder un équilibre et un niveau de vie identique, il est impératif de découvrir de nouveaux modes de vie, de nouvelles réponses et de nouvelles solutions.

D'autres personnes ne peuvent pas rester sans rien faire de concret, de constructif. Elles ont besoin sans cesse d'un stimulant, d'une décharge d'adrénaline, pour trouver un goût certain à leur vie.

Une personne motivée et curieuse tentera inlassablement de trouver de nouvelles solutions, d'améliorer un produit ou un service.

Cette recherche passe par une expérimentation, et toute expérience est la certitude de l'existence de cette chose ou de cette idée. L'excitation permanente de l'individu se fait par la découverte.

Créer, trouver de nouvelles idées, de nouveaux concepts, oblige l'individu qui se lance dans cette démarche, de s'y impliquer entièrement, de se concentrer uniquement sur le problème à résoudre, d'être pratiquement certain qu'il existe au moins une solution.

Il faut donc avoir continuellement cette pensée positive qui est nécessaire pour bousculer les obstacles.

B) Le profil de la personne créative

Au vu de certaines études, il apparaît que, même si l'homme créateur n'est pas une catégorie sociale ou ethnique particulière, il est malgré tout marqué par quelques caractéristiques profondes.

Ces caractéristiques peuvent être innées, mais si vous ne les avez pas ou pas suffisamment, elles peuvent être développées par différents moyens qui seront étudiés plus en avant dans cet ouvrage.

Les caractéristiques d'une personne créative peuvent être les suivantes :

- *Une facilité d'expression*, pour pouvoir énoncer sans retard ou sans timidité le résultat des recherches. La facilité d'élocution, associée à un peu de témérité permettra, aussi vite que l'idée s'est faite jour dans l'esprit, de la faire partager à autrui. Si vous n'avez pas de facilité d'élocution, mais que vous travaillez en groupe, vous pouvez déléguer cette présentation à une autre personne.

- *Une souplesse de l'esprit*, pour pouvoir passer d'une catégorie d'idées à une autre, ou simplement être capable d'assimiler de nouveaux concepts. Souvent, une solution réunit des notions qui appartiennent à des domaines différents. Si vous ne possédez ces connaissances dans un domaine spécifique, vous pouvez demander les informations à une personne compétente.

- *Une sensibilité aux problèmes*, c'est-à-dire avoir au moins un optimisme à toute épreuve pour pouvoir penser qu'aucun problème ne peut être résolu.

- *Faire preuve d'originalité*, c'est-à-dire être capable de sortir des entiers battus. Prendre, même une seule fois, une autre route, pour voir les choses d'une façon différente. Sortir de sa zone de confort.

- *Faire preuve de curiosité.* Avoir son attention en éveil permanent, car la solution est toujours quelque part autour de soi. Tourner la tête constamment à droite et à gauche pour capter toutes les informations qui nous entourent. La solution sera peut devant vos yeux telle quelle, mais une association d'idées vous la fera peut-être trouver.

- *Avoir une tolérance à l'ambiguïté.* Ne pas rejeter une idée à priori non conforme, trop complexe ou trop saugrenue.

- *Être capable de persévérance et de concentration.* La solution, idéale si elle existe, n'est jamais facile à saisir. Il faut être en communion avec son esprit, se parler, s'analyser, faire l'inventaire de ses connaissances et puis au fil des analyses être capable de capter l'idée fugitive qui apparaîtra dans votre cerveau. Il faut être en communion avec soi-même. Être prêt à recevoir toutes les idées possibles.

- *Avoir une aptitude au jeu des idées.* Prendre toutes les idées comme intéressantes au départ. Faire toutes les associations que l'on peut faire, pour les exploiter au maximum. Jouer avec les idées comme on joue avec les mots. Arriver à faire une nouvelle idée comme l'on fait un nouveau jeu de mots.

- *Avoir une capacité de synthèse et d'analyse.* Il faut à un moment ou à un autre faire le tri objectif des solutions déjà trouvées. Peut être s'apercevoir que pas grand-chose n'est utilisable. Il faudra alors se remettre au travail.

- *Avoir une capacité d'isolement.* La création, et la concentration qui l'accompagne, ne peut se faire, en tout cas pour ma part, dans le bruit ou l'agitation. L'arrivée d'une idée originale est l'aboutissement d'un long processus de calme, de réception d'informations et de maturation.

- *Accepter une période d'incubation.* Après avoir eu connaissance du problème, et avoir fait le récapitulatif des données de base, il est bon de laisser mijoter le problème dans un coin de son cerveau. Parfois notre subconscient travail pour nous.

- ***Prenez du temps pour rêver.*** Laisser-vous aller, en décontraction. Prenez le temps de « ne rien faire ». Laissez vagabonder votre imagination. Parfois, lorsque l'esprit est libre de toute contrainte, il s'en va vers des contrés oubliées ou nouvelles. Libéré de règle, il peut alors associer des informations entre elles, et créer de nouvelles idées ou choses.

- ***Accepter l'échec.*** Trop souvent l'échec est vécu et perçu comme un raté, du temps perdu. Au contraire, il doit être perçu comme une opportunité. Comme l'a dit une fois quelqu'un : « Qu'aurais-je appris si j'avais réussi du premier coup ». L'échec est source d'apprentissage, car de celui-ci, on peut tirer des leçons, des indications pour progresser. Une autre personne a dit : « L'important n'est pas le nombre de fois où l'on tombe, mais le nombre de fois que l'on se relève ».

- ***Votre capacité à prendre des risques.*** Il ne peut y avoir d'amélioration, de progrès ou de mieux être sans prise de risques. Rien de bien ne peut être fait en restant dans son salon, les pieds sur la table basse, à manger des chips et à regarder la télévision. Il faut sortir, comme on dit, de sa zone de confort. Il faut se remuer et aller au devant de l'inconnu parfois, pour arriver à changer ou à améliorer les choses.

C) Les méthodes

a) La constitution d'un groupe

1°) Exemple de présentation

Pour que le groupe soit efficace, remplisse son rôle de moteur, il est important que tous les membres se connaissent un minimum, n'aient pas de crainte les uns vis-à-vis des autres, d'insécurité, de peur ou d'ignorance.

Il est important qu'un climat de confiance maximum s'établisse pour que chacun puisse tout dire. Les modèles de présentation des participants entre eux sont multiples. Parmi ceux-ci, il y a en autre :

- ***La présentation traditionnelle*** : c'est une présentation stéréotypée, chacun va se décrire par ce qui est de plus courant, de plus visible.

Dans un cadre comme un séminaire de créativité, c'est une présentation absolument banale.

- ***La présentation avec question*** : une variante intéressante est de convenir qu'on ne pourra se présenter qu'en réponse à des questions posées par des autres. Il faudrait que chacun se sente à l'aise, instaurer, peut-être malgré tout un système de joker. Répondre à certaines questions trop indiscrètes n'est pas forcément bon.

- ***La présentation croisée*** : chacun présente une autre personne, après avoir un peu discuter avec elle. Cette présentation se fondera, évidemment, exclusivement sur une première impression.

- ***La présentation par les qualités et les défauts*** : il faudra donner les plus grands traits de sa personnalité et dire de quelle façon on perçoit chaque trait positivement ou négativement.

- ***La présentation projective (le double)*** : on convient que la vie réelle du participant n'a aucune valeur, il doit alors s'inventer un autre personnage, créer un sorte de double dont il décrira les aventures et les sentiments.

2°) Exemple d'approfondissement des rapports interpersonnels

Après avoir fait tomber les premières barrières, et donc que les participants se connaissent déjà un peu, il est possible de renforcer cette prise de contact, cette découverte de l'autre par quelques exercices ludiques. En voici quelques exemples :

- ***Le dessin collectif*** : chacun des participants collabore à un dessin collectif qui va se faire sur un tableau ou sur une grande feuille de papier.

- ***Le roman improvisé*** : l'animateur désigne un participant qui doit donner le point de départ d'un récit en prenant un personnage quelconque. Puis chacun de ses collègues entre dans l'histoire en y apportant des éléments personnels et les détails qui lui viennent à l'esprit.

- ***Qui a dit quoi*** : un volontaire sort de la salle du séminaire. Les autres doivent écrire sur un tableau la façon dont il perçoive l'absent. De retour, celui-ci doit justifier telle ou telle remarque, de même pour celui qui l'a inscrite.

Le but de la créativité n'est pas de constituer un groupe, mais l'émulation constituée par une certaine compétition, par un brassage d'idées issues de plusieurs imaginations est un terrain idéal pour la créativité.

b) <u>La reconnaissance du monde</u>

Comme on nous a enseigné depuis l'école primaire (et même depuis la gardienne), il n'y a qu'une solution à tous les problèmes. Cette démarche donne comme faux tout autre solution ou toute autre interprétation.

L'esprit cartésien a fait bien des ravages dans nos esprits mobiles et vigilants à saisir d'autres possibilités. Il est important d'élargir notre horizon. Il faut ouvrir notre esprit à la pluralité, à la variété des solutions possibles.

Il faut pratiquer une sorte de rééducation de notre esprit à envisager puis à accepter plusieurs solutions.

Les exercices suivants peuvent y aider :

- ***La question « pourquoi ».*** Cela permet d'exercer notre esprit critique, de découvrir des hypothèses, des emplois nouveaux. On peut s'interroger sur des sujets comme la maison, le train, la hiérarchie sociale, l'école,...

- ***La méthode des « poutres vermoulues »***. Notre comportement est marqué par des habitudes de vie et mentales contractées depuis notre enfance. Le jeu consiste à trouver des situations ou des habitudes persistantes et dommageables dans notre présent issues de notre passé. On peut s'interroger ainsi sur des idées dans le domaine professionnel, familiale, scolaire, moral, ...

- ***La « défectuologie »*** va faire éclater toutes les insatisfactions ou toutes les imperfections d'une chose, d'une idée ou d'un concept, que l'on aura découvert au fil de son utilisation. Le jeu consiste à trouver une liste de défauts concernant, par exemple : un tire-bouchon, un fauteuil, un livre, un bureau de poste, etc.

- ***Les dispositifs d'autodestruction.*** Chaque être humain est d'une façon ou l'autre programmé pour mourir à un moment donné. En fait, nous nous autodétruisons par la mort, ce qui permet de faire place aux générations montantes et au renouvellement de l'espèce. Il est déjà ainsi de certaines choses qui se terminent d'elles-mêmes, comme les mandats électoraux, une année scolaire,... Donc, le jeu va consister à trouver dans certains cas, la façon dont on aurait pu introduire au moment de la création de l'objet, de l'idée ou du concept, le moyen qu'il se détruise de lui-même après un certain temps. Pourquoi et comment provoquer l'autodestruction d'un meuble, d'une règle de conduite, d'un monument historique,...

- ***Les intrigues ou la méthode du dramaturge.*** On imagine qu'un amateur de théâtre assiste à la première scène d'une pièce. Suite à un malaise, il doit s'absenter et ne revient que pour assister à la dernière scène. De retour chez lui, il essaye de reconstruire l'intrigue et de remplir par son imagination la période manquée. On s'aperçoit que dans un tel exercice, il y a plusieurs solutions, plusieurs intrigues possibles. On a en fait la possibilité, pour arriver à un même but d'emprunter plusieurs passages possibles.

c) Les méthodes analogiques

Le « Petit Robert » définit l'analogie comme « une ressemblance, c'est un rapport entre deux ou plusieurs choses qui présentent quelques communautés de caractère ».

Pour approcher un problème complexe, on va le rapprocher d'un autre problème qui existe déjà et qui lui ressemble. C'est essayer de se familiariser avec l'inconnu par l'intermédiaire du connu. Il faudra découvrir des ressemblances, les analyser et les adapter, c'est-à-dire opérer des transitions vers le problème qui nous préoccupe.

Dans certains cas, seule la possibilité de trouver une comparaison, des détails communs, un indice présent de part et d'autre permettra d'appréhender le problème, d'arriver à cette illumination de la découverte d'une solution.

Ou encore, il faudra trouver dans le monde qui nous entoure, d'autres objets qui auront avec celui que nous voulons créer ou améliorer, une relation de structure ou d'emploi.

Il est important de faire la différence entre analogie et association d'idées. Dans l'association, il n'y a aucune fonction ou structure comparable. Faire une association, par exemple avec le mot robinet, c'est dire robinet et eau. Faire une analogie avec robinet, c'est dire robinet et feux de circulation.

L'analogie peut être très riche en enseignement. Si elle est bien menée, elle peut permettre, à des esprits disponibles et ouverts, non seulement de découvrir des ressemblances mais aussi des dissemblances. Elles vont permettre de déstructurer une mécanique de l'esprit, une représentation un peu trop rigide que l'on aurait d'un objet, d'une idée ou d'un concept.

L'analogie doit permettre de venir avec des idées d'horizons et de catégories différentes. Cela peut se comparer à une sorte d'exécutoire, de défouloir.

On extériorise toutes les idées sur le sujet concerné, sans se préoccuper au départ de la cohérence des idées.

L'analyse, la réflexion et le rejet ou le fait de garder une idée viendra dans une étape ultérieure. Cette étape permettra sûrement de dégager de nouveaux concepts.

Les recherches ont permis de mettre à jour quatre types d'analogie :

- ***L'analogie personnelle :*** c'est l'individu qui se met à la place d'un objet, qui va s'identifier à lui, et réagir comme si il était en réalité cet objet dont il a pris les caractéristiques. C'est faire preuve d'empathie avec une personne, un animal ou objet.

- ***L'analogie directe :*** on va remplacer l'objet à trouver ou à problème par un objet déjà existant qui a fait ses preuves. Cela vous nous permettre de trouver des similitudes et des ressemblances.

- ***L'analogie symbolique :*** c'est remplacer l'objet ou l'idée problématique par une image, par la représentation que l'on s'en fait.

Cela peut être aussi, de rassembler deux idées opposées et voir ce que l'on peut en tirer.

- ***L'analogie fantastique :*** c'est la substitution du magique au réel. Elle consiste à supposer que tout est possible et à faire appel, soit à la magie, soit au raisonnement par l'absurde pour produire les idées plus originales et les plus fantasques.

Le déroulement d'une recherche comporte trois phases et sept étapes :

Première phase :

1°) **Purge :** les participants réagissent au problème tel qu'il est posé. Ils émettent immédiatement toutes les idées qui leur passent par la tête.

2°) **Identification des buts :** le groupe fait la liste de toutes les questions auxquelles il faudra répondre pour résoudre le problème.

3°) **Choix d'un des buts identifiés :** le groupe se fixe sur un des sous-problèmes.

Deuxième phase

4°) **Excursion dans l'imaginaire :** le problème est transposé dans différents domaines.

5°) **Titre de livre :** le groupe va chercher à fabriquer des titres évocateurs qui devront condenser le problème en une formule lapidaire.

Troisième phase

6°) **Ajustage en force :** il faut se servir des analogies produites pour les transformer en idées de solution. Donc, ajuster l'imaginaire aux contraintes du réel.

7°) **Evaluation :** les solutions trouvées sont évaluées par un expert qui apprécie leur conformité à des critères définis.

Plusieurs exercices sont possibles. En voici quelques-uns :

- Essayer de trouver les analogies qui peuvent exister entre : une moquette en laine, une guitare, un coffre, une chasse d'eau, un gigot, un morceau de bois, une hélice et un livre de classe.

- La parabole : au départ c'est mettre une distance entre le problème et les chercheurs, pour ne pas impliquer directement ces derniers. Le principe est de faire une transposition globale vers l'objet ou l'idée à solutionner. Cette démarche permet de conserver l'élément vital sans pour cela devoir analyser complètement le problème de départ. L'exemple de parabole le plus connu est le modèle des fables de La Fontaine. On a demandé aux participants d'illustrer par une histoire, un des principes suivants :

  + L'exercice du pouvoir est dangereux pour la personnalité ;
  + Il y a autant de vérités que de personnes ;
  + Il ne faut pas confondre les buts et les moyens. Etc.

- Dans le même ordre d'idée, une méthode consiste à intérioriser un concept. C'est-à-dire, si l'esprit ne découvre pas la solution, laisser son corps réagir en fonction d'une série d'influences dues à la solution recherchée. Un exercice consiste à essayer de trouver par le moyen de l'identification corporelle, un moyen original par exemple, de moudre du café, un nouveau type d'étagères à livres, un nouveau type de poubelle, etc.

- On vous propose des listes, soit d'objets (comme un robinet, un rasoir électrique), soit de personnages en situation (comme un chercheur, la mère de famille, un juge), ou encore des ensembles sociaux (comme la ville, l'entreprise, le supermarché). Le but de l'exercice est d'essayer de les réinventer, de les renouveler.

d) Les méthodes antithétiques

Après s'être penché sans cesse sur la réalité, sur la vérité de ce qui existe, nous allons maintenant l'oublier, tout au moins essayer son contraire, son opposé.

Nous allons essayer de trouver de nouveaux concepts en analysant le problème par son contraire et par sa négation. On le déformera et on le confrontera à toutes ces différences.

Employer cette méthode, c'est faire abstraction de nos schémas mentaux habituels, de trouver moins sérieux nos comportements quotidiens, d'essayer de nous détacher du traditionnel, du conformisme.

C'est aussi permettre d'évacuer la réalité et les données actuelles pour arriver à une réalité qui est opposée. « C'est la construction dans la destruction ».

Certaines choses poussées à leur degré de perfectionnement maximum s'imposent d'une manière si évidente et si permanente à nous, que nous ne pensons plus à les remettre en doute.

Il nous faut pour progresser, changer cet état de chose, nous libérer de la réalité et réinvente la nôtre. C'est en quelque sorte une purification. On va changer la réalité en la détruisant, en l'assommant, en lui tournant le dos, en la ridiculisant, en l'inversant. Voici détaillés quelques exercices :

- ***Le concassage***. Cette technique se divise en six étapes :

  \+ augmenter : c'est-à-dire, élargir l'utilisation de l'objet, lui trouver d'autres emplois.
  \+ diminuer : essentiellement en prenant tous les contraires trouvés précédemment.
  \+ combiner : essayer de trouver un objet qui pourrait remplir le même emploi.
  \+ inverser : trouver d'autres utilisations en retournant le produit, en inversant son usage initial ou prendre une chronologie à rebours.
  \+ modifier : changer l'utilisation originale, le sens premier, changer le temps et le lieu de l'utilisation, se servir d'autre chose pour un même usage.
  \+ sensualiser : essayer de rendre l'objet plus agréable pour le regard, pour son emploi, pour tous les sens.

  Donc, par exemple, concasser une ombrelle ou un entonnoir, une épuisette, une pomme de douche, etc.

- **« Que peut-on faire avec ... »**. Les objets qui nous entourent sont prévus pour des usages particuliers, bien définis. Certains fabricants sont d'ailleurs souvent désespérés par l'usage que certains clients font de leurs produits, non prévu pour cet usage au moment de la mise sur le marché. On va donc trouver ce que l'on peut faire d'autre avec des objets complètement usuels. Donc, que pourrait-on faire avec une gomme, une brique, une allumette, un journal, etc.

- **« Se passer de ... ».** Imaginez le monde ou simplement la vie quotidienne si certains ustensiles ou accessoires n'existaient pas. Par exemple, supposez que personne n'ait inventé les souliers ; supposez que personne n'ait inventé la montre individuelle, etc.

- **« Ailleurs et pas maintenant ».** Nous sommes trop souvent centrés sur notre vie et notre époque. Nous avons d'une certaine façon le culte du présent, preuve en est la célérité avec laquelle on essaye constamment de faire de l'évènement, de l'information, soit disant capitale le plus vite possible. C'est comme si on avait peur que la minute ou que la seconde que l'on vit nous échappe, qu'il n'en subsiste aucune trace. Coincé dans cet état d'esprit, de peur de bousculer notre quotidien, il est peut être plus productif de porter le problème dans un autre endroit et aussi à une autre période de notre histoire. Cela pourrait pour certaines personnes les aider à se « décoincer » parce qu'elles auraient alors l'impression de ne pas mettre en cause des idées ou des valeurs qui leurs sont chères actuellement. Comme exercice, il y a :

  + Vous partez d'une phrase comme : « Comment traite-t-on les criminels ? ». Vous devez transplanter cette consigne de départ dans un des cas suivants :
    - Chez les martiens après le débarquement sur terre ?
    - Chez les indigènes des îles du soleil ?
    - Chez les espagnols du bas-empire romain ?

- **Le système idéal ou la baguette magique.** Quand on trouve des solutions, on a tendance à les ramener à une certaine réalité. On va tenir compte de contraintes et on aura tendance à aménager la solution à la réalité. La méthode consiste à refuser toutes les contraintes possibles. On va créer, au plus mal, adapter audacieusement une solution nouvelle. Une fois une solution trouvée, on va la ramener à la réalité, mais pas avec ce qui existe, mais avec ce qui devrait exister. On peut idéalement adapter cette méthode au système de production et de recherche. On peut essayer de trouver le système idéal pour l'école secondaire, ou se demander quel serait le système idéal pour les transports en commun, ou quel serait le système idéal de préparation des repas pour une cellule familiale, etc.

- **« La dialectique ou le face à face ».** Au fil de notre vie, nous nous forgeons des opinions de toutes sortes, et nous sommes persuadés qu'elles sont judicieuses parce qu'elles viennent de nous. Mais, nous sommes rarement prêt à les remettre en cause, nous avons ce que l'on appelle un blocage affectif. Et tout blocage est un obstacle à la découverte.
  Le but de cette méthode est de changer notre position, notre avis sur un sujet donné, de faire un virement à 180°. On va devoir affronter de face certains sujets sensibles pour nous du point de vue affectif.
  Sur un sujet donné, on va faire deux groupes. Le premier va devoir défendre une thèse, tandis que l'autre va développer une antithèse. Puis, il y aura une confrontation. A un moment donné, l'individu devra exprimer des idées contradictoires à ses convictions. Il va devoir prendre du recul par rapport à lui-même. Cette démolition de sa sensibilité ne sera possible que si le participant à un sens de l'humour, c'est-à-dire une prise de distance par rapport à ce qu'il croit ou dit. On peut confronter des idées sur la liberté d'expression, l'exaltation de la société de consommation, la peine de mort, etc.

e) Les méthodes aléatoires

Les méthodes précédentes nous ont apporté une série d'idées, de concepts ou d'inventions nouvelles. Mais, évidemment, celles-ci ne pourront peut être pas être utilisées dans la réalité. Il faudra en sélectionner quelques-unes et les adapter d'une manière ou d'une autre à une réalité présente et plus stricte.

Il faudra par le biais de cette méthode s'efforcer d'adapter les solutions à la question posée au départ. Cette méthode va essayer de faire un système des méthodes combinatoires. De nouveau, plusieurs méthodes existent. En voici quelques-unes :

- **Les mots inducteurs.** Hors d'une liste de mots, le participant choisira trois ou quatre mots pour en faire une phrase. La précipitation n'est pas de mise, il est conseillé de se laisser imprégner par le sens des mots, d'en découvrir de nouveau, d'inattendu, et que la phrase qui les regroupe prenne seule sa signification, tout en respectant l'orthographe de chacun des mots choisis. On pourrait choisir des mots hors de la liste suivante : retour-maître-revers-rompre-force-retenir-déposition-faillir-honneur-rapport.

- **L'invention de nouvelle pensée : Pour pouvoir en créer, il faut que dans notre esprit nos pensées passées rencontrent celles du présent, et parviennent à s'y combiner, à s'y mélanger.**

- Le but de la méthode est d'essayer de prendre en compte des pensées différentes et de les amalgamer en une pensée nouvelle, constructive et pertinente. On peut procéder en prenant hors d'un livre au hasard ou hors de plusieurs livres, des phrases et tenter de les regrouper en une nouvelle, ou à tout le moins d'en faire une nouvelle idée qui regroupaient chacune des idées prise dans chacune des phrases.

- **La perception sélective :** Toutes nos connaissances sont le fruit d'une rencontre entre nos intérêts et l'information disponible, en rapport avec notre milieu. On va demander aux participants de choisir, selon leurs intérêts un axe de réflexion dans les phrases suivantes :

    + la formation continue ;
    + l'urbanisation ;
    + le problème de la famille.

  Puis l'animateur lira des textes ou des réflexions de portées générales, et demandera aux participants de noter ce qu'il peut retirer de ces réflexions qui lui permettra d'alimenter la recherche de la solution. Ensuite, il y aura une confrontation générale, pendant laquelle les autres participants essayeront de prendre la place de celui qui justifie ses choix, dans le but de l'enrichir par une perception différente.

f) Les méthodes oniriques

Ces méthodes constituent à utiliser le rêve et l'imagination, par des méthodes de relaxation ou de méditation. On se donne le droit d'ignorer les contraintes (de temps, d'argent, de technologie, etc.), et on se permet une pensée original dans laquelle tout devient possible, pour ensuite se concentrer sur les étapes qui permettront d'y parvenir.

D) Le processus de l'invention

Au-delà des méthodes qui doivent permettent de nous mettre dans des conditions optimales de créativité, donc de produire des idées originales, **l'esprit, dans sa démarche de recherche aurait tendance à fonctionner d'une manière uniforme**. Le fonctionnement de notre esprit, d'après Arthur Koestler passera par les étapes suivantes :

- **Une phase logique :** pendant laquelle se succèdent la formulation du problème, le rassemblement des données qui concernent ce problème, et une première démarche de solutions.

- **Une phase intuitive :** pendant laquelle, se déroule dans le subconscient une maturation du problème puis une période d'incubation. C'est à la suite de ces deux stades que devrait se passer l'illumination, c'est-à-dire la révélation de la solution.

- **Une phase critique :** au cours de laquelle l'inventeur se livre à l'examen de sa découverte, fait des vérifications et finit par valider son travail.

Il existe également un autre processus en trois étapes :

- **La phase d'informations :** le sujet va essayer de récolter un maximum de renseignements au sujet du domaine dans lequel il est. Il va essayer de s'immerger dans les caractéristiques du problème à résoudre. C'est un moment d'insatisfaction, qu'il doit combler par la recherche d'éléments nouveaux.

- **La phase d'incubation :** Il va maintenant assimiler toutes les informations récoltées et les laisser reposées dans son esprit. C'est maintenant qu'il mobilise les ressources de son mentale pour associer les informations entre elles.

- **La phase de résolution :** C'est l'instant ou la solution apparaît comme une fulgurance. La tension se relâche et l'individu est satisfait de sa recherche.

E) La mise en œuvre

La réflexion et la concentration ne viennent pas directement sur un simple claquement de doigts. Il faut être dans des prédispositions particulières pour pouvoir faire surgir des idées. L'environnement, le lieu mais aussi le fait de se trouver en groupe peut être un moyen d'émulation, une sorte de petite compétition dans la recherche des meilleures idées.

Le principe de base du brainstorming est simple, il suffit de penser « en roue libre », c'est-à-dire produire des idées sans censure, sans contrainte. Mais aussi, les idées qui sont soumises au groupe ne sont absolument pas critiquées.

Mais, nous avons tous remarqués, que sans règles précises toutes idées émises à l'intérieur d'un groupe quelconque sont toujours soumises à une critique très virulente. Les membres du groupe consacrent une grande partie de leur énergie à la destruction pure te simple de l'idée émise. A la limite, il n'y a même pas une écoute attentive de l'autre. Parce que l'idée ne vient pas de soi, elle est foncièrement mauvaise.

Pour être un maximum constructif et donc créateur, il faut établir certaines règles de vie en commun. De cette idée sont nés les séminaires de créativité, dont une de ses formes est appelée « brainstorming » ;

Cette contrainte dans la liberté doit pouvoir amener des idées, à priori absurdes, farfelues et irréalisables. Mais plis tard, dans la recherche, l'association de telles idées donnera peut être naissance à l'Idée.

L'indépendance d'esprit, la créativité et la confiance en soi sont facilitées lorsque l'autocritique, l'autoévaluation et l'évaluation par autrui sont considérées comme secondaire.

La créativité ne peut se déployer que dans une atmosphère de liberté.

Il existe plusieurs types de brainstorming :

- **Le « stop and go » :** qui est une alternance entre la production d'idée dite « en roue libre » et la période d'évaluation proprement dite.

- **Le brainstorming contradictoire :** consiste à demander à la moitié d'un groupe de défendre une idée et à l'autre moitié de défendre l'idée contraire.

Les séminaires regroupent plus ou moins de personnes (le nombre doit variées en fonction de ce l'on désire obtenir). Ce groupe tendu, pour une fois vers un but commun : trouver des idées, doit s'amalgamer, s'associer, se confondre, se stimuler et s'apprécier dans les modalités suivantes qui vont permettent au groupe d'avoir en autre :

- **Une perception affinée du problème :** une personne seule aura tendance à percevoir le problème selon un angle de vue unique. Donc, plusieurs personnes permettront d'avoir plusieurs points de vue. Cela permettra également à la personne de se détacher de sa préoccupation première concernant le problème, au vue des différentes réactions.

- **Une fonction d'explication :** de par la pluridisciplinarité des participants, chacun de ceux-ci va apporter un éclairage différent et enrichissant sur un problème donné. Chacun de part sa culture et son passé va apporter des informations différentes qui vont servir à la communauté et être exploitée par elle.

- **Une fonction de stimulation :** elle peut s'exercer par la multitude des idées qui peuvent « rebondir » les unes sur les autres, produites par l'excitation intellectuelle du groupe et aussi par le flux rapide de la pensée, stimulée par l'encouragement que peut produire une légère compétition de production d'idées.

- **Une fonction de soutien :** émettre une idée, d'autant plus si elle est originale, est parfois difficile, sinon impossible dans un contexte normal et quotidien. Mais l'ambiance d'un groupe créatif peut amener certaines personnes à sortir de leur réserve et à travailler er à proposer des idées, donc à avoir une attitude créative qu'elles n'auraient sûrement pas dans un contexte banal.

- **Une fonction ludique :** dans un groupe de créativité, l'exploitation du potentiel des membres qui le compose, passe par des activités ludiques. La façon de parvenir à une solution optimale sur un problème donné, passe par l'élimination du sérieux de la situation. En quelque sorte, décontracter la situation pour que ce relâchement apporte la libéralisation de l'esprit, salvatrice pour la production d'idée.

La créativité est un potentiel important que chaque individu possède de façon certaine en lui.

Elle n'est apparemment pas innée, et au début, ne peut prendre son essor que dans un contexte donné : le groupe.

La créativité n'est pas synonyme de groupe, mais au départ d'un tel apprentissage, le groupe est un bon moyen de prendre connaissance et conscience de son potentiel créatif.

Après avoir passé l'expérience du groupe, il est important, une fois seul, de mettre en place des méthodes qui permettront par la suite d'avoir un réflexe créatif, de passer au-dessus de ces barrières psychologiques qui sont le plus souvent un frein à tout épanouissement personnel dans la possibilité de présenter de défendre ses idées.

F) Mon expérience

Lorsque l'on travaille pour une grande structure (enseigne à magasins multiples dans un même pays, ou société multinationale), il est difficile, voir impossible d'être créatif.

Vos supérieurs, et votre direction, savent mieux que vous ce qu'il faut ou ne pas faire. A aucun moment, un regard neuf, même manquant d'ancienneté (je ne parle pas de compétences, puisque si vous occupez le poste que avez actuellement, c'est que quelqu'un a reconnu que vous aviez les connaissances requises), ne vaut la peine que l'on s'y attarde.

L'immobilisme, dans ces sociétés a quelque chose d'effrayant. Le « on a toujours fait comme cela » est une phrase assassine.

Combien d'esprits brillants, n'ont-ils pas été brimés ou rabaissés. Ces personnes découragées sont parties dégoutées. Et leur expérience ne renforce pas leur opinion positive sur le monde du travail.

Au vu de mon parcours, je reste persuadé qu'une règle simple, pour motiver son personnel, est de lui donner la parole, de l'inclure dans le processus de certaines décisions.

Bien sûr, la décision finales vous appartient ou si vous êtes vraiment à l'écoute de votre personnel, vous la soumettez au vote, et en respectez le résultat.

Une autre chose, pour motiver son personnel est d'être disponible pour lui. Rien de plus frustrant que de voir son supérieur, dans son bureau, porte fermée, comme dans une tour d'ivoire.

Lorsque j'ai occupé des postes à responsabilités, j'ai toujours laissé la porte de mon bureau ouverte. Je voulais que l'on se sente libre de venir me parler quand on le voulait.

Et non, ce n'est pas dérangeant. Peut-être au début, le temps d'évacuer des questions longtemps gardées pour soi. Mais une fois cette mesure « sur les rail », le personnel ne vient pas vous déranger plus que cela. C'est aussi une façon, de vous d'être plus proche d'eux et de leurs préoccupations. Et d'aussi permettre la spontanéité de pourvoir présenter une idée nouvelle, et gagner du temps à la mettre en pratique.

On peut aussi, mettre une boîte à suggestions, et périodiquement faire une réunion du service pour passer en revues toutes les demandes et les insatisfactions.

A une époque, la société 3M encourageait son personnel à proposer des idées nouvelles. Lorsqu'une des idées était retenue et mise sur le marché, le membre du personnel à l'origine de l'idée était automatiquement intégré à une participation au bénéfice sur les ventes de son produit !

Outre le fait, de mobiliser tout le personnel pendant une période donnée, je pense que le système de la porte ouverte est plus intéressant. Il permet à votre interlocuteur d'avoir un moment privilégié avec vous, en toute discrétion.

Cela peut aussi vous permettre de dire certaines remarques désagréables en tête à tête, sans passer par un déballage en public, qui risquerait d'heurter le travailleur.

Pour qu'il y ait créativité, il faut qu'il y ait détente, confiance, respect et création d'un lien. Pour ce faire, lorsque j'étais responsable de stock en Allemagne, et que nous recevions 3 à 4 semi-remorques de cartons d'habits à ranger dans les rayons de l'entrepôt, pour qu'il soit disponible aux magasins, je me joignais à mon équipe pour décharger, ouvrir les cartons, compter la marchandise et la ranger dans les rayons avec eux. Cela a crée un lien fort entre eux et moi. Un vrai dialogue a pu s'établir et lorsqu'il y avait une suggestion d'un membre de mon équipe, comme j'étais sur le terrain avec eux, on pouvait directement en discuter et la mettre en pratique si c'était possible. Grâce à ce dialogue permanent et surtout direct, nous avons pu réaliser pas mal de grandes choses.

Trop de patrons pensent être les seuls bons penseurs de leurs sociétés. Trop pensent que seules leurs idées sont pertinentes. Trop souvent, j'ai vu des patrons ne même pas vous accorder un droit de parole pour leurs proposer votre idée. C'est évidemment décourageant.

Avec mon expérience, après un certain temps, j'entendais dire : « Ici, ce n'est pas comme d'où vous venez. Notre société est différente, donc pas besoin d'essayer de transposer ce que vous avez connu !!!! ».

Ce genre de remarque est décourageante à souhait. Il n'est pas besoins de transposer, mais d'avoir un regard neuf sur une situation bien établie. Si, elle porte ses fruits, pas de problèmes. Mais si au contraire, cette situation n'est pas optimum, alors pourquoi ne pas essayer de l'améliorer !

G) <u>En résumé</u>

Comment rendre son équipe plus créative :

1°) *Montrer du respect ;*

2°) *Montrer que l'on a confiance en eux ;*

3°) *Avoir l'esprit ouvert à toute proposition ;*

4°) *Travailler avec eux ;*

5°) *Permettre le droit à l'erreur ou à l'échec. Ne mettez pas en avant le côté négatif, mais plutôt le côté positif de l'échec, le voir comme une expérience sur le chemin de l'idée à trouver ou à mettre au point ;*

6°) *Etre disponible ;*

7°) *Encourager les idées neuves ;*

8°) *Vous devez rassurer ;*

9°) *Vous devez donner l'envie de se surpasser ;*

10°) Permettre à l'employé de prendre du temps à la créativité, à la mise au point de son idée. S'il le faut, permettez-lui de sortir de son espace de travail habituel ;

11°) Permettez la collaboration entre employés d'un même service ou de services différents ;

12°) Encourager la pluralité des points de vues ;

13°) Complimentez vos employés dans leurs efforts. Ayez de la reconnaissance pour leur travail ;

14°) Employez les compétences de chacun de vos travailleurs. Mettez les bonnes personnes aux bonnes places en fonction de leurs connaissances, mais aussi en fonction de leurs envies ;

15°) Permettre de vous dire ce que l'on pense ;

16°) Ne pas vouloir que tout soit parfait du premier coup ;

17°) Si nécessaire, allouer des ressources à la créativité

18°) Permettre la rencontre avec des clients, pour dégager des améliorations ou de nouveaux produits ;

19°) Permettre l'expression de toutes les idées, les mauvaises surtout, et les bonnes ;

20°) Permettre l'auto-formation dans le domaine de l'idée à trouver.

6 – La créativité : mode d'emploi pour une PME

« La créativité implique de briser les conventions afin de regarder les choses sous un jour nouveau ».
EDWARD DE BONO

A) Votre créativité en pratique

Alors que l'on peut se sentir à l'étroit et dans l'impossibilité de faire valoir ses idées dans une grande structure, dans une petite entreprise, ou dans une très petite entreprise, dans laquelle vous êtes le seul patron, ou associer avec un autre personne, vous pouvez vous lâcher et donner libre cours à vos envies et à votre inspiration.

Pourtant, une majorité de PME, n'ont pas fait du processus de créativité, un problème central à leur activité.

Au-delà de l'aspect humain qu'il faut développé (voir du même auteur « Avoir des clients heureux et les fidéliser » aux Editions du Lys Bleu), votre créativité va être normalement orientée vers l'augmentation de votre chiffre d'affaires.

Une PME ou une entreprise familiale n'est pas une grande société en réduction. Elle est bien différente d'une autre PME et à ses caractéristiques propres.

L'avantage énorme, c'est qu'avec une structure réduite, la prise de décision et sa mise en œuvre sont plus rapide. Les personnes à consulter, sont l'associé et peut-être, en fonction des cas, la famille ou les amis, pour avoir des avis différents.

L'environnement concurrentiel devrait stimuler, au-delà du stress, la créativité de l'entrepreneur pour trouver des solutions innovantes.

Votre créativité peut s'exprimer à plusieurs niveaux. Au niveau de l'accueil client, au niveau du suivi du client, au niveau de l'arrangement de votre point de vente, au niveau du choix des produits et au niveau de votre relation avec vos fournisseurs.

Il faut essayer de trouver sans cesse de nouvelles méthodes pour attirer le client, le retenir et le faire revenir. Le patron de PME doit mettre ses idées en perspective avec les résultats attendus. Pour que cette démarche soit productive, il faut que le dirigeant s'interroge, honnêtement, sur les causes d'un non fonctionnement optimal de son commerce.

Avant de vous lancer dans une modification de votre concept de commerce ou de son amélioration, vous devez d'abord essayer de voir la tendance dans votre secteur d'activité, de déterminer le chiffre d'affaires et son évolution dans votre branche. Cela vous permettre de vous rendre compte si votre nouvelle idée a des chances de réussite. Plusieurs sources sont disponibles au niveau de l'Etat ou des régions.

Si vous manquer de liquidités, je crois que l'emprunt n'est pas forcément une bonne idée. Un moyen d'avoir plus de disponible, à terme, est de réduire la taille de votre stock. Avec l'expérience, vous devez connaître les produits qui tournent et les quantités de vente que vous faites sur ces derniers. Donc, vous pouvez travailler en flux tendu et ne commander que les quantités estimées, qui seront pratiquement vendues.

Il est toujours possible de faire mieux. Chassez les gaspillages. Vérifiez si vous avez bien le meilleur tarif pour vos énergies (électricité, gaz, eau, frais de terminaux de paiements). Si ce n'est pas le cas, faites une recherche pour trouver les meilleures propositions. Vous pouvez aussi réaliser vos vitrines vous-mêmes, les nettoyer vous-mêmes, de même que votre surface de vente.

Essayer à tout prix de faire revenir votre client dans votre point de vente. Par l'accueil, des promotions, des cartes de fidélité. Il y a quelques années, un vendeur automobile vendait plus de voiture que n'importe quel autre vendeur de voiture. Son secret ? Il était proche de tous ses clients. A chaque occasion, il leurs envoyait un carte pour leurs souhaiter un joyeux anniversaire, pour leurs souhaiter de joyeuses fêtes de fin d'année, pour Pâques, pour la fête des mères, des pères, etc. Ses clients se souvenaient de lui, de son accueil et ses attentions.

Votre accueil doit être une priorité dans votre activité commerciale. Lorsque, le client entre dans votre commerce, il doit ressentir, qu'à ce moment précis, il est la personne la plus importante à vos yeux, et que vous allez tout mettre en œuvre pour résoudre son problème ou satisfaire sa curiosité. Faites preuve d'empathie. Le problème de votre client, à ce moment précis, doit aussi être le vôtre. Et vous devez y mettre la même énergie à le résoudre que si c'était le vôtre.

Bien sûr, certains clients n'achèteront toujours que les mêmes produits, mais certains aiment les nouveautés. Faites évoluer votre gamme de produits. Essayez-en de nouveaux. Solliciter vos fournisseurs, ils peuvent vous donner des exemplaires gratuits pour que vous les testiez ou si vous organiser des ateliers découvertes de ces nouveaux articles.

Diversifier vous. Pas mal de commerces, sur un même espace de vente, proposent des articles ou des services de natures différentes. Un café proposera des boissons bien sûr, mais aura un espace librairie et lecture. Idem, mais avec un espace d'exposition pour des œuvres d'artistes locaux, etc.

Une idée en soi peut vous sembler bonne. Comme, se sont les clients qui devront la « subir » au quotidien, il serait de bon ton de les questionner sur cette nouvelle idée. Outre de redonner de l'importance à sa clientèle, l'incorporer au processus de décision va aussi vous permettre de la fidéliser, mais aussi de vous assurer son retour positif vers leurs relations. Cela peut se faire autour d'une table réunissant plusieurs de vos clients fidèles, et de réaliser une séance type « brainstorming ».

Proposer des articles dans des domaines complètement différents, en rapport ou non avec l'activité principale, peut vous apporter de nouveaux clients, qui peuvent ainsi découvrir votre centre d'intérêt.

En tant que commerçant, il vous faut être au courant des nouveautés qui apparaissent dans votre secteur d'activité. Pour en être informé, il y a le net, les revues spécialisées, les foires et les expositions. Ayez vos sens en éveil pour découvrir une tendance dans toutes les nouveautés de produits que l'on vous propose. De plus, soyez à l'écoute de vos clients lorsqu'ils vous demandent un nouveau produit. Beaucoup de demandes font une tendance qu'il faudra essayer de suivre.

B) Les blocages

Certains commerçants pensent que mettre en place les idées issues de leur créativité est impossible, pour plusieurs raisons :

1°) **Manque de moyens**. Nous avons vu plus haut, que l'on pouvait récupérer des moyens financiers en suivant certaines règles. Mais au-delà de cela, il est aussi possible de voir ce que l'on peut trouver dans des brocantes, magasins de secondes mains, d'objets à donner, de sites internet de ventes aux particuliers.

2°) **Manque de temps**. C'est votre activité. C'est dans celle-ci que vous avez investi tout votre argent. Il faut prendre cette activité, comme une aventure, comme un jeu, et essayer, en dehors des heures normales d'ouverture, de réfléchir et de mettre en pratique vos nouvelles idées. Trop de commerçants agissent comme des fonctionnaires et pensent que leur travail se termine lorsque l'heure de fermeture est arrivée !

3°) **Trop d'internet**. Bien sûr à certains moments, nous en avons besoin. Mais trop se focaliser sur ce que font les autres, peut aussi vous empêcher d'être vous-même. Laissez un temps tout ce qui est numérique, et réfléchissez par vous-même. Détendez-vous et laissez vagabonder votre imagination. Vous verrez parfois cela peut faire des miracles. Ne pensez pas directement à avoir la ou les bonnes idées. On dit souvent, que hors de plusieurs mauvaises idées, on peut en faire une bonne.

4°) **Comme dans toute démarche, vous devez accepter un échec éventuel**. Cela n'est pas dramatique pour autant que vous analysiez les raisons de cet échec et d'en tirer quelque chose de positif.

5°) **Sortir de sa zone de confort**. La plupart d'entre nous aiment rester dans un certain conformisme. Mais, trouver la ou les idées originales obligent, presque obligatoirement, à être en dehors de la routine et des habitudes. N'ayez pas peur de voir et de franchir vos limites, c'est là, que vous réaliserez le mieux votre renouveau.

6°) **L'avis des autres**. Nous sommes tous sensibles à un moment ou un autre à l'avis de notre entourage. Mais trop d'avis, tue l'avis. Vous devez vous faire votre propre opinion et décider par vous-même ce que vous allez changer et mettre en place pour créer un renouveau dans votre activité.

7°) **Une idée dévalorisante de sa personne**. Quel que soit vos défauts et vos qualités, ceux-ci font la personne que vous êtes aujourd'hui.

Vous devez composer avec. Normalement, vous ne devez pas changer du tout au tout (sauf si ce défaut est crucial pour votre relation avec les autres, comme l'alcool ou les substances hallucinogènes). Ne pensez pas que tout est perdu parce que vous n'êtes pas comme un tel ou un tel. Dans l'histoire, certains ont fait de leurs défauts des qualités. De voyez pas tout en noir, croyez-en vous. Soyez fier de vous. Soyez bienveillant avec vous-même. Soyez courageux et laissez vos craintes derrière vous.

8°) **La peur de bouger**. Je ne reprendrais qu'une phrase de Michel Audiard pour illustrer le fait, qu'il faut toujours mieux bouger que de ne rien faire : « Un intellectuel assis ira toujours moins loin qu'un con qui marche ».

C) Mon expérience

Avec ma compagne, en 2000, nous avons ouvert un magasin de fournitures artistiques. C'est-à-dire tout ce qu'il faut pour les artistes peintres et pour réaliser des bricolages. En 2008, la crise est passée par là et malgré des efforts pour récupérer notre chiffre d'affaires, les ventes restaient à un niveau trop bas. Ma compagne intéressée par tout ce qui est bio, naturel et la cuisine a eu l'idée d'ouvrir en 2012, dans le même espace un resto bio, végétarien, sans gluten et sans lactose. Nous n'avions aucun de nous deux un diplôme de cuisinier. Ma compagne avait suivi plusieurs formations de cuisine bio, et nous nous sommes lancés. Nous avons réduit l'espace Beaux-arts et reconverti cet espace en y installant des tables pour le resto. Notre bureau a été aménagé en cuisine, et nous nous sommes lancés. D'abord, un jour par semaine, puis le week-end et enfin également en semaine.

Ma compagne s'est lancée, et a mis ces peurs et appréhensions derrière elle (peur de mal cuisiner, de ne pas être à la hauteur, etc.).

Il est un fait que cette deuxième activité, nous a permis de garder « la tête hors de l'eau ».

Les transformations ont été faites sur fonds propres. La cuisine est une cuisine, que l'on peut qualifier, de familiale et non vraiment professionnelles. Nous avons commencé avec les ustensiles que nous avions chez nous, puis petit à petit nous nous équipés.

Certains clients ne comprennent pas notre concept. Pour nous, il est simple : de la couleur pour les artistes et de la couleur dans les plats que nous préparons. L'art « artistique » et l'art culinaire.

Par après, nous avons permis à des artistes locaux d'exposer dans notre espace. Que se soit dans le magasin ou le resto même, mais aussi dans les vitrines qu'ils peuvent s'approprier.

Cette diversité dans les activités, nous font rencontrer des personnes motivantes, enrichissantes et belles. Evidemment, certains ont des problèmes de santé (le pourquoi du choix de notre resto), mais au-delà de leurs problèmes, se sont des personnes différentes qui apportent un plus à les écouter.

D) <u>En résumé</u>

Comment être plus créatif dans votre commerce :

1°) Essayer de prévoir vos ventes.

2°) Abolir l'argent immobilisé en stock.

3°) Analyser vos dépenses.

4°) Fidéliser votre clientèle.

5°) Essayer de nouveaux produits.

6°) Développer votre activité.

7°) Inclure le client dans vos idées.

8°) Etre à l'affut des nouveautés.

9°) Croire en vos capacités

10°) Entourez-vous des bonnes personnes

7 – La créativité : mode d'emploi pour l'enseignement

« La vérité est que tout le monde a de grandes capacités mais tout le monde ne les développe pas. L'un des problèmes est que trop souvent nos systèmes éducatifs ne permettent pas aux étudiants de développer leur pouvoir créateur naturel. Au lieu de cela, ils favorisent l'uniformité et la normalisation. Le résultat est que nous privons les gens de leurs possibilités créatives et nous produisons une main-d'œuvre conditionnée à privilégier la conformité par rapport à la créativité. »

Ken Robinson

A) Rôle de l'enseignant

Si l'on veut comprendre l'adolescent, il faut non seulement se mettre à sa place, mais également à son niveau. Il n'est pas un homme en petit, mais il vit dans un monde à part qu'il a crée au gré de son imagination. Son univers à son âge est le jeu. Les jeux, bien employés, ont une puissance formatrice et créative considérable. Ils permettent à l'enfant de se créer en jouant, comme il peut se créer à travers le langage, le dessin ou le chant.

Pour beaucoup de professeurs, l'enfant, l'élève créatif est une menace pour la discipline. L'enfant créatif est une menace pour l'ordre. Il est une menace pour le cours du professeur.

Il est évident, que la créativité n'a que peu de place dans l'enseignement traditionnel et qu'elle y est presque totalement absente mais aussi ignorée (même si certains établissements organisent des ateliers d'art, de théâtre ou de musique). On pourrait dire sans trop exagéré qu'elle est même étouffée.

De plus, certains professeurs, affirment posséder l'autorité scientifique et le pouvoir éducatif (en cela soutenus par leurs directions), et regardent d'un mauvais œil ces méthodes qui sont dérangeantes pour le développement de l'intelligence telle qu'ils la conçoivent.

La créativité, nous l'avons vu ci-dessus, est indissociable de la spontanéité. L'enfant la possède en lui de façon naturelle.

Elle y est développée jusqu'à l'exubérance, l'assurance de cette jeunesse qui veut tout posséder et qui peut tout faire. Mais, elle est canalisée petit à petit par l'action éducative développée par la majorité des professeurs.

Pour bien remplir son rôle, le professeur ne doit plus être le passage obligé entre le savoir et l'élève.

Il ne doit plus être le point incontournable entre les connaissances et le disciple. Il doit prendre conscience lui-même de sa dimension, de son rôle et admettre que l'élève est possesseur d'un savoir tout aussi intéressant.

Dans ce cas, il doit avoir une place de médiateur entre les connaissances et l'élève. Il doit avoir un rôle d'homme en ressources, capable de s'effacer face au savoir des élèves, mais aussi d'organisateur des discussions. Il doit pouvoir expliquer les ambiguïtés que ces discussions peuvent révéler.

Quiconque essaye de pratiquer des méthodes créatives, ou simplement changer de méthode, a rencontré des difficultés au niveau du soutien, mais aussi au niveau de la documentation et de l'information disponible.

La créativité qui a besoin d'authentique, et peut-être de communautaire, est engluée dans le respect, parfois suspect de certains professeurs envers le programme, l'habituel et donc la monotonie d'une éducation qui ne demande qu'à se renouveler pour atteindre un nouvel épanouissement.

Cette éducation, que l'on veut intellectuelle, dénature, dessèche tout rapport entre les individus, laissant sur la touche la personnalité propre de chaque individu. Elle perd tout ressort pédagogique ou idéologique qui lui rendrait une profondeur et une vérité.

La grandeur et le succès que l'éducation qui veut se retrouver, passe par un renouveau créatif qui motivera de nouveau l'enfant.

B) Changer le modèle éducatif

Une éducation éducative devrait rendre l'accueil et l'écoute à l'étudiant. Il faudrait lui permettre une part de développement autonome, et le laisser s'exercer à sa propre créativité, à assumer de façon personnelle et directe ses propres idées, en un mot le responsabilisé, arrêter de la « prendre par la main » pour soit disant lui apprendre des choses essentielles, qui ne sont que la plupart du temps que des gargarismes académiques.

Les idées et les valeurs que l'on aura demain ne sont pas extérieures à l'étudiant d'aujourd'hui. Elles sont en eux déjà en ce moment même, mais si on les étouffe dans l'œuf, si on l'empêche de les exprimer librement, l'élève en sera peut être frustré, et réagira d'une façon, que l'on considérera à tort, comme violente. Mais avait-il une autre façon, à sa disposition pour s'exprimer.

Bien des professeurs, sous le couvert d'une action pédagogique, ne cherchent qu'à faire passer une satisfaction personnelle, voire même une domination personnelle, intellectuelle sur l'élève. Ils sont persuadés de posséder l'autorité scientifique. Avec de tels professeurs, il ne peut y avoir qu'un mauvais exemple de donner aux étudiants, qui penseront que le laxisme et le « train-train » quotidien sont choses communes et lucratives, puisqu'elles donnent du travail à certaines personnes.

La créativité dans l'enseignement est une nouvelle pédagogie par rapport à ce qui se pratique actuellement. Si l'on ne veut pas hypothéquer l'avenir, il faut absolument consentir aux changements, à la remotiver des professeurs pour qu'ils rendent dans un premier temps leurs cours plus intéressants et remotiver des élèves, à qui il faut donner la possibilité de se libérer davantage.

Cette libéralisation doit être canalisée dans le sens d'un meilleur appris (ou d'un appris différent), gage d'un avenir à la hauteur de nos jeunes.

On nous dit presque tout les jours, que l'une des caractéristiques du monde moderne, est dans sa capacité à inventer, à trouver de nouveaux procédés et de nouvelles méthodes. L'école doit préparer nos enfants d'aujourd'hui à ce renouveau indispensable, garant d'une bonne intégration dans la vie sociale future.

Il est important de remotiver l'étudiant. On peut le faire, je crois, par l'application des quelques principes suivants :

- **Redonner une motivation** dans le travail fait par l'étudiant lui-même.

- **Enlever le système des récompenses et des punitions**, le jeu du « tu fais bien, tu fais mal ».

- **Ne pas faire travailler l'étudiant uniquement pour un examen**, pour des points, mais le conditionner dans le sens ou le travail peut être la satisfaction d'un besoin profond, d'une nécessité impérieuse.

- **Inculquer** à l'étudiant qu'il est non seulement important d'apprendre mais aussi lui apprendre à apprendre.

- **Il faudrait respecter plus les questions des élèves**, et par une petite discussion ou une petite démonstration l'amener à trouver finalement la réponse lui-même.

- **Montrer aux élèves que leurs idées ont une valeur certaine** et le leur montrer, en adoptant celles qu'il est possible d'intégrer et d'adapter à l'enseignement suivi.
- **Prendre les élèves comme des êtres responsables** et ne pas porter un jugement ou une critique sans leur expliquer le pourquoi et le comment de ce choix.

- **Utiliser la logique d'un adolescent**, ne pas se laisser « démonter » par des réflexions qui nous semblent déplacées, mais se servir de leurs réflexions logiques pour démontrer des choses un peu plus ardues.

C) Blocage chez l'enseignant

Après ces quelques points en forme d'un mode d'emploi potentiel, il est peut être intéressant de savoir pourquoi certains professeurs n'osent pas intégrer, ne fusse qu'un peu, de la créativité dans leurs cours :

- Certains professeurs suivent le programme comme une ligne directrice immuable, impériale dont il ne faut pas dévier d'une seule ligne. De plus, s'ils se permettaient d'intégrer quelque chose de différent dans la matière, il aurait une sainte peur de prendre du retard par rapport à ce saint programme, et de remarques négatives de leur direction ou de leur inspection.

- Il est possible que des professeurs ne sachent pas ou aient peur de gérer un déballage et un foisonnement d'idées pareilles.

- Les professeurs, suite peut être à une mauvaise gestion de la situation, ont peur du chahut que pourrait engendrer tant d'idées nouvelles, tant de discussions inattendues.

- Les professeurs ont peut être peur qu'un élève imaginatif et créatif, de par ses idées originales, devienne un « leader », et ne vole une partie de la vedette du professeur vis-à-vis de la classe.

- Il peut y avoir un manque de confiance en soi, parce que l'on peut penser qu'une telle technique ne peut être dévolue qu'à une élite.

- Il peut aussi y avoir une peur de soi-même, peur de ne pas pouvoir faire face à de nouvelles connaissances, peur de ne pas avoir l'esprit assez créatif.

D) Blocage chez l'élève

Un jeune peut être bloqué dans son développement et dans sa créativité. Depuis qu'il est petit, il entend les mêmes phrases :

- Arrête de lire des contes de fées, la vie c'est sérieux ;
- Arrête de dessiner ou de jouer, devient un grand ;
- Arrête de dire n'importe quoi, réfléchit avant de parler

Les différents facteurs de blocage peuvent être les suivants :

1°) **Trop d'écran**. Le jeune ne recherche plus par lui-même, tout se trouve devant lui sur son écran ;

2°) **Trop d'activités extrascolaires**. Parfois, certains jeunes sur un mercredi après-midi, enchaîne trois activités avant de rentrer chez faire leurs devoirs ;

3°) **Trop de conformisme**. L'élève n'est pas habitué à donner son avis ou à ce qu'on lui demande ;

4°) **Trop de questions restées sans réponses**. Le jeune ne parvient pas avoir une réponse précise à ses demandes, soit par manque de temps des parents, soit parce que la question dérange ;

5°) **Trop d'éloignement des parents**. L'absence ou l'indifférence des parents ne favorisent pas des moments de détente pour des confidences ;

6°) **Trop de réalité**. Les parents ne laissent pas assez leur enfant « rêvasser ». Pourtant, c'est un moment de détente pendant lequel un enfant peut trouver une idée, car décontracté et hors des rigueurs de la vie ;

7°) **Trop de croyance dans la raison**. L'enfant est directement réprimander lorsque ce qu'il fait n'est pas logique ou dans les normes ;

8°) **Trop de crainte de faire une bêtise**. L'enfant n'a pas droit à l'erreur, sinon la colère des parents, stressés, le rappelle à l'ordre ;

9°) **Trop d'idées négatives**. L'enfant n'étant pas valorisé ou pas suffisamment, n'aura pas confiance en lui pour quoi que se soit ;

10°) **Trop peu de temps**. Des parents débordés par leurs travails et leurs tâches ménagères, n'ont pas de temps à accorder à l'enfant pour expérimenter quoi que se soit, perdu dans le marathon de fin de journée (devoirs, repas, bain, etc.) ;

11°) **Trop de perfection**. Les parents, de nouveau attendent trop de leur enfant, et veulent qu'il soit parfait (note de cours, résultat en extrascolaire, en société). Il n'y a pas de place pour l'improvisation ou la personnalité de l'enfant ;

12°) **Trop de méforme**. Vu le planning de certains jeunes, la fatigue ne va pas favoriser un relâchement de l'esprit.

E) <u>**Permettre la créativité chez l'élève**</u>

Le potentiel de créativité que possèdent tous les enfants ne doit plus être perdu, englouti à jamais.

La source ne doit pas se tarir par manque de soins. Elle doit être canalisée.

La démarche créatrice chez l'enfant, repose sur plusieurs facteurs :

1°) **Permettre la pensée divergente**. L'enfant, l'élève sont toujours conditionnés à répondre en fonction d'une matière, de points ou en fonction de la personne qui leur fait face. Cela bride la spontanéité. Il faut absolument leurs permettre de pourvoir « lâcher » des idées ou des réflexions dans tous les sens, que cela, dans un premier temps, soit pertinent ou non. Il faut donner à l'élève un endroit d'expression libre, sans contrainte (sauf celles de la politesse et du respect).

2°) **Reconnaître le moi intérieur ce chaque élève.** Dans ce déballage d'idées divergentes, l'élève va être amené à explorer des régions de son conscient et subconscient qu'il ne connaissait peut-être pas.

3°) **La réalisation.** Ces idées combinées à celles de ses disciples vont l'amener à trouver, à proposer une idée aboutie.

4°) **Favoriser l'ennui.** Un enfant qui s'ennuie, aura plus facilement une imagination galopante, non seulement pour trouver une activité à faire ou pour déjouer une interdiction éventuelle.

5°) **Favoriser l'expression de ses sentiments.** Les parents doivent partager ses émotions : ses joies, ses tristesses, ses peurs et ne pas les juger comme insignifiantes.

6°) **Forcer l'enfant à se détourner des écrans.** Il doit absolument arriver à réaliser des choses par lui-même, avec ses mains.

7°) **Ne rechercher pas la perfection.** Tout le monde droit à faire des erreurs, surtout un jeune sans trop d'expérience.

8°) **Développer les activités manuelles.** Que se soit peinture, dessin, bricolage, puzzle 3D, origami, etc. Faites lui faire des choses avec ses mains.

9°) **Faire participer l'enfant à la vie de la maison.** Le concerner dans l'élaboration d'un menu quelconque au début, puis pourquoi diététique ensuite, dans la liste des courses, dans un planning de répartition des tâches.

10°) **Permettre l'expérience.** L'enfant doit pouvoir tester par lui-même, faire des tests, des essais qui vont li permettre d'avancer et de se donner confiance.

11°) **Mettre sa production à l'honneur.** Lorsque l'élève a réalisé quelque chose de lui-même, ne pas hésiter à le féliciter et exposer son travail.

La structure de l'enseignement à l'heure actuelle ne permet pas de développer la créativité chez l'étudiant. Ses enseignants sont trop pris par le sacro-saint programme. De plus, certaines directions « frileuses » ne permettent pas non plus que l'on s'en éloigne.

Cerise sur le gâteau : l'inspection. Elle ne voit que le respect du programme à la ligne prêt. Aucune déviation ou chemin de traverse permis, car ce programme est bon pour l'élève, puisque se sont des pédagogues qui l'ont mis au point.

L'élève est toujours en demande. Ses questions ne concernent pas toujours le programme, mais bien la vie qui l'entoure. Pour en faire des humains responsables et avertis, ces questions méritent des réponses légitimes.

C'est pour cette raison, que peu de professeurs font des débats en classe. Ils ont peur que l'émulation aidant, le débat ne sorte de son sujet et devienne incontrôlable pour l'enseignant.

Pourtant, les deux parties (enseignant et élèves), retireraient du positif de cet échange transgressif.

Peu d'établissements proposent des cours de musique, de peinture ou d'écriture pendant les heures normales de cours. Quand cela existe, se sont des heures extrascolaires financées en propre par l'établissement.

L'élève doit absolument être formé pour devenir curieux, critique, apprendre par lui-même, résoudre des problèmes auxquels il n'a pas encore été confronté, donc faire preuve de créativité en face d'une situation nouvelle et peut-être imprévue.

Il doit être formé à résoudre des problèmes, mais aussi à faire face à l'échec et donc garder une image positive de lui. Lui apprendre que l'échec n'est pas la fin, mais le début d'un nouveau processus et donc d'une nouvelle possibilité de résoudre son problème.

Il faut aussi lui apprendre à recherche de l'information, de trouver des personnes ressources qui peuvent lui être utile, de résoudre des problèmes qui pourraient le faire progresser dans la résolution du sien.

Il est bon de rappeler cette réflexion d'Oppenheimer : « Il y a des enfants qui jouent dans les rues qui pourraient résoudre quelques-uns des problèmes que je me pose en physique nucléaire, parce qu'ils ont des modes de perception que j'ai perdu depuis longtemps ».

La créativité devrait être une des règles prioritaire de la pédagogie moderne.

F) <u>Mon expérience</u>

Beaucoup d'enseignants aimeraient distiller leurs connaissances à la manière de Mr. Keating dans « Le cercle des poètes disparus ».

Mais, juste pour sortir de sa classe, pourvoir aller dans un parc voisin, lorsqu'il fait plein soleil, nécessité une demande plusieurs jours à l'avance, voire plusieurs semaines et le remplissage de formulaire pour une activité extra-muros à découragé un scribe du moyen-âge.

Surtout pas de spontanéité ou d'intention intempestive. Cela dérange ! Et la direction, et les éducateurs qui se demandent où sont passés leurs élèves si ils ont une communication urgente à leur dire.

Les sorties pédagogiques (après que l'on se soit transformé en scribe), ne peuvent avoir lieu que dans la branche que vous enseignez, de peur de vous voir piétiner les plates bandes d'un de vos collègues.

Même en classe, pour changer la sacro-sainte disposition des bancs en rangées pour les disposer en « carré », cela demande une permission !

On veut des professeurs créatifs, mais que l'on nous laisse gérer nos heures de cours comme bon nous semble. Nous ne pouvons pas faire des élèves créatifs, si nous même en sommes empêchés.

Dans ma carrière, j'ai eu la chance de donner cours aussi bien à des adultes qu'à des adolescents. Et évidemment, les cours les plus conformes l'ont été avec des adultes, qui vérifiaient si je suivais bien le programme.

Pour permettre un climat de confiance et de détente, il faut montrer soi-même que l'on est détaché des contraintes ministérielles. Chez moi, cela passait par l'humour et des blagues dans tous les sens de ma part, mais je l'acceptais également des élèves, qui à ce moment, essayaient d'être inventif pour sortir un bon jeu de mots.

Une atmosphère détendue m'a permis d'enseigner un peu plus facilement des matières de comptabilité et de droit civil. Certains chapitres permettaient à des débats ou des échanges d'idées. Je ne les ai jamais interdis, et rarement interrompu. Chacun pouvait exprimer sa pensée, et en principe, je n'intervenais que si quelqu'un demandais mon avis (en précisant que c'était uniquement mon avis, et non orientation prise par l'école ou le programme).

Il est difficile, de nos jours, de donner un enseignement inductif. Le jeune d'aujourd'hui a perdu toute volonté de recherche, et tout effort pour trouver une solution. Il est d'une génération du tout disponible directement via internet.

Dans la partie comptabilité, il y a un module sur le calcul des factures. Ma méthode consiste à leur donner une facture résolue. Je leur demande de trouver la façon dont les différents calculs ont été effectués (rabais, remise, escompte, emballages, transport, etc.). Les difficultés sont progressives au fur et à mesure des modèles proposés. Après, je leur donne un exercice qui est comme un frère jumeau du modèle précédent, et je leur demande de le résoudre.

Lorsque les calculs sont simples, cela fonctionne très bien, mais atteint un niveau de complexité (par exemple avec l'escompte), la plupart n'ont pas la volonté de trouver comme cela a été résolu.

Il faut nous permettre d'avoir plus de latitude pour enseigner à nos jeunes. Nous les connaissons bien, vu le temps que nous passons avec eux (pour ma part, je passais 10h/semaine avec chaque classe). Nous commençons à savoir ce qui peut leur faire plaisir et avancer leur apprentissage.

Si, l'élève est plus détendu, dans un climat de confiance et de respect, il le sera lui aussi, et son esprit sera plus disponible, plus ouvert pour de nouvelles expérience. Son esprit sera mieux à même de trouver des solutions, des marches à suivre qu'il n'aurait pas trouvé dans un contexte plus rigide.

Il faut essayer d'utiliser la créativité avec les élèves. Il est important de l'intégrer à un projet, de la faire de façon continue et surtout pas de façon ponctuelle. Il est, je crois, impératif de trouver des activités spéciales qui vont ainsi éveiller l'esprit créatif de l'élève. Il faut lui permettre d'avoir une pensée divergente et par après un esprit critique pour qu'il puisse sans pression évaluer sa production.

Une des options que j'avais choisie, était le cours de Droit Civil. Avec des problèmes de divorces ou des propriétés, il y avait matière à débat et à échange d'idées.

G) En résumé

Comment devenir un enseignant plus créatif :

1°) Permettre le débat ;
2°) Accepter toutes idées, dans un premier temps ;
3°) Sortir du programme ;
4°) Sortir de la classe ;
5°) Encourager l'élève ;
6°) Créer un climat détendu ;
7°) Favoriser le partage d'expérience ;
8°) Permettre les digressions au thème de la leçon ;
9°) Favoriser l'émulation ;
10°) Sortir du cycle sanctions-punitions ;
11°) Ne pas rechercher la perfection
12°) Encourager à faire des erreurs ;
13°) Responsabilisé l'élève ;
14°) Redonner de la motivation ;

15°) Répondre à leurs questions ;

16°) Donner du sens aux différentes activités ;

17°) Mettre l'élève devant des défis ;

18°) Permettre à l'élève d'être audacieux ;

19°) Valoriser la singularité de l'élève.

8 – La créativité : mode d'emploi pour le quotidien

« L'imagination est plus importante que le savoir, car le savoir est limité alors que l'imagination embrasse l'univers entier ».
Albert Einstein

A) Votre créativité en pratique

On pense souvent que la créativité doit être reliée à l'art. Vous n'avez pas écrit Harry Potter, vous n'avez pas réalisé le film Titanic, vous n'avez pas composé un opéra rock, et pourtant au quotidien vous pouvez peut être vous révéler une personne créative : vous n'avez, par exemple, votre pareil pour préparer un festin en accommodant les restes de votre garde manger.

Nous avons vu précédemment que la créativité n'est pas toujours innée, sauf si vous travailler dans le monde artistique. Donc, il faut la travailler régulièrement, pour l'améliorer, l'apprivoiser, qu'elle devienne plus efficace et pour l'intégrer à votre vie quotidienne.

De tout temps, la créativité fait partie de nos civilisations. Elle a permis un nombre incalculable d'innovations qui ont faits progresser l'humanité vers le progrès.

Le fait de pouvoir être créatif dans sa vie de tous les jours, peut être rassurant, car on peut se dire que l'on arrivera toujours à s'en sortir, que l'on trouvera forcement une solution si un problème survient. Cela permet d'avoir une vie plus détendue, moins stressée.

B) <u>Les blocages à la créativité</u>

Le fait de ne pas être créatif au jour le jour, peut provenir des éléments suivants :

1°) **La peur du changement**. Vous avez peur de sortir de votre zone de confort. Peur de changer votre routine et de changer vos habitudes, est pour vous, quelque chose d'insurmontable. Il n'est pas question de changer votre train-train, même si vous sentez au plus profond de vous-même qu'il faudrait le faire.

2°) **L'appréhension du « qu'en dira-t-on »**. Votre entourage vous voit vitre d'une telle façon, que changer votre mode de vie va vous soumettre à un feu de remarques, que vous n'êtes pas prêt à endurer. Mais, n'oubliez pas, ce n'est pas leur vie, c'est la vôtre.

3°) **Votre vie est morose**. Et vous êtes engluée dedans. Vous vous demandez comment y mettre de la couleur. Comment chasser le gris et le noir de vos journées.

4°) **Manque de motivation**. Rien qu'à l'idée de changer ou d'ajouter quelque chose dans votre emploi du temps que vous dites chargé, vous fatigue déjà.

5°) **Peur de la complexité**. Vous pensez que changer est difficile. Parfois, les solutions les plus simples sont les meilleurs. Un retour au fondement est parfois salutaire.

La créativité va vous obliger à aller de l'avant, à trouver des solutions pour améliorer votre future. Une étude américaine montre que 89% des personnes qui se disent créatives reconnaissent être heureuse.

6°) **Pas de temps**. Vous pensez que vu votre travail déjà prenant, vous n'avez pas le temps de réfléchir et de procéder à des changements. Ne voyez pas le problème à résoudre en une seule fois. Essayer de le diviser en petites tâches à accomplir quotidiennement.

7°) **Manque de ressource**. Le manque d'argent est souvent un problème. Mais, vous pouvez avoir recourt aux magasins de secondes mains, aux brocantes, faire appel à la générosité de votre entourage, etc.

8°) **Vous n'en êtes pas capable**. Manque de confiance en vous, en vos capacités, en vos connaissances. Soyez positif et ayez confiance en vous. Vous êtes une personne unique, originale et cela fait votre force.

9°) **Peur de vous distinguer**. N'essayez pas de ressembler à un tel ou un tel. Faites les choses comme vous « les sentez ». N'ayez pas peur de vous démarquer.

C) Comment être plus créatif

Il y a plusieurs possibilités pour être plus créatif au quotidien. La lecture est un bon point de départ. Lire des livres ou des revues sur des sujets divers, va justement vous permettre de récolter des informations à priori hétéroclites, mais vous pourriez avoir besoin de les associer lors d'un problème futur. Pas besoin d'acheter des ouvrages neufs. De nouveau, les magasins de secondes mains sont bien utiles, ainsi que les bibliothèques.

Il ne faut pas rester dans votre bulle. Ouvrez-vous au monde extérieur. Le contact avec d'autres personnes d'horizons différents peut être enrichissant. Vous pouvez également rencontrer des personnes qui ont eu le même problème que vous, et vous servir de leur expérience. Pas forcément besoin de vous inscrire à un site de rencontres, mais fréquenter les expositions, les exposés d'artistes ou des conférences peut être une solution.

Dans ces activités extérieures, allez vers les autres. Allez de l'avant, vers les autres. Posez les questions qui vous préoccupent pour la réalisation de votre problème. N'aillez pas peur de vos questions, le but principal pour vous, est de recueillir les informations qui vous seront indispensables.

Evitez d'être stressée. La créativité intervient en dehors de toute pression ou de stimulants quelconques. Rêver permet de laisser son esprit vagabonder sans contrainte, vers des horizons inconnus et farfelus. Cette détente de l'esprit peut vous permettre de trouver une solution.

La peur de changer ou d'organiser différemment votre vie, ou votre espace d'habitation par exemple, peut vous faire reporter le début de votre démarche. En vous obligeant à faire ou à réaliser telle chose, ou telle démarche le jour même, vous allez devoir trouver une solution immédiatement et de pas reporter la solution du problème aux calendres grecques.

Souvent les idées surviennent lorsque l'on s'y attend le moins. Et, on n'arrive pas toujours à les retenir. Inscrivez-les directement pour les retrouver plus tard. Notez tout ce qui vous passe par la tête à ce moment là. Vous ferez le tri plus tard. Ne rejeter aucune des idées qui vous viennent. Laissez votre esprit vagabonder faire arriver les idées.

Promenez-vous. Dans des endroits calmes. Ecoutez la nature, le chant des oiseaux, le bruit de l'eau, les odeurs des prairies ou des bois. Soyez réceptif au monde qui vous entoure. Développer vos sens et imprégnez-vous de l'environnement.

Pour voir les choses différemment et parvenir à changer votre quotidien, il faut s'obliger à avoir une autre vision des choses. Les mêmes démarches conduisant aux mêmes résultats, si vous voulez changer votre vie ou simplement des choses dans celle-ci, il faut changer vos habitudes, votre façon de faire les choses, les personnes de votre entourage.

N'ayez pas peur de changer, vous-même ou votre vie. Cela sera pour un mieux. Croyez les choses possibles. George Bernard Shaw a dit : « vous voyez des choses et vous vous dites pourquoi ? Mais moi, je rêve de choses qui n'ont pas existé et je me dis pourquoi pas ? ».

Ne recherchez pas à être créatif à tout prix. Soyez le plus détendu et reposé possible. Il ne faut absolument pas se mettre la pression. L'esprit doit être détendu pour arriver à être créatif, arriver à associer des idées divergentes.

Organisez-vous. Faites un planning des choses à faire, dans la semaine, dans le mois, dans l'année, pour ne pas perdre de vue les choses essentielles ou qui vous tiennent à cœur de réaliser. Allez-y pas à pas. Prenez votre temps. Soyez certain de vous et de vos capacités.

En fonction du changement prévu, et si il vous manque des connaissances, inscrivez-vous à des cours dans une spécialité qui concerne votre problème, ou simplement pour élargir vos connaissances ou rencontrer d'autres personnes. Nous n'apprenons jamais assez. Certaines personnes affirment quelles apprendront jusqu'à la fin de leur vie.

Mettez tout en œuvre pour vous ouvrir l'esprit, pour vous mettre dans de bonnes conditions. Par de l'exercice pour s'oxygéner le sang. Faites un intermède santé : jus de fruits et de légumes, nourriture diététique. Donnez à votre esprit un bon carburant.

Pour vous mettre en condition, mettez votre musique préférée ou une autre que vous découvrez. Laissez-vous emporter par les notes, les airs, les émotions. Votre esprit en vadrouille peut alors vous trouver des idées.

Mais par-dessus tout, vous devez croire en vous. Vous devez être confiant dans votre capacité à faire face et à trouver des solutions.

D) Mon expérience

Etre créatif au quotidien, cela peut être d'être simplement plus organisé, méthodique, plus consciencieux.

Pour ma part, j'avais toujours un mal fou à retrouver mes affaires (clef de voiture, tel livre, mon portable, etc.). Je me suis appliqué à les mettre toujours à la même place.

Pour être plus organisé, j'ai essayé d'éviter de procrastiné. Je me suis efforcé de faire les choses le plus rapidement possible : payer les factures pour éviter des intérêts de retard, faire l'entretien de ma voiture à temps, corriger les copies d'élèves pour éviter d'être surchargé de travail au moment de rendre les points de période.

Comme, j'avais mon métier d'enseignant en même temps, que notre commerce de Beaux-arts et notre resto bio, j'ai évité de reprendre du travail scolaire à domicile. J'ai donc utilisé mes heures « de fourche » et de temps de midi pour corriger et préparer mes cours dans mon établissement scolaire.

Pour gagner du temps, sur les conseils de ma compagne, j'ai enregistré les émissions de télévision, ainsi que les films et je les regarde un peu plus tard. Cela permet de ne pas se laisser envahir par les publicités, et de les « zapper ».

Dans mon garage, pour économiser de la place, pourvoir ranger de façon convenable et retrouver facilement mes outils de jardin et de terrassement, j'ai mis au point un système de rangement personnel, avec des matériaux de récupération.

E) En résumé

La créativité au quotidien peut être améliorée de la façon suivante :

1°) Lire beaucoup.

2°) Rencontrez des personnes.

3°) Osez poser des questions

4°) Laissez vous aller à la rêverie.

5°) Evitez de procrastiné

6°) Promenez-vous toujours avec un carnet.

7°) Ressentez les choses, les odeurs, les bruits, les vibrations.

8°) Modifiez vos habitudes.

9°) Osez.

10°) Restez calme.

11°) Organiser votre vie.

12°) Retournez à l'école.

13°) S'ouvrir l'esprit.

14°) La musique.

15°) Retrouvez votre confiance en vous.

9 – La créativité : la gestion des échecs

« On est à l'âge où nos idées sont en ébullition, où notre créativité est en ébullition, on n'a ni freins, ni limites, on a le monde de demain dans notre tête ! »

Thierry Serfaty

A) Pourquoi l'échec

L'échec n'est pas une fin en soi. L'échec ne doit pas être synonyme d'abandon. Quelqu'un a dit : « la différence qu'il existe entre la réussite et l'échec, s'est une tentative en plus ».

L'abandon n'est pas une option, réfléchissez une fois encore à votre problème, ayez une autre idée, faites un pas en plus, un déplacement, une démarche supplémentaire.

Plus de dix-mille entreprises échouent chaque année en Belgique.

Quelqu'un d'autre a aussi dit : « Si, vous réussissez la première fois, vous n'apprendrez pratiquement rien ». Je trouve qu'il a en partie raison. C'est réfléchir encore et encore à votre problème qui va vous amener à parfaire vos connaissances dans ce domaine précis, à devoir, peut-être faire des recherches, en tout cas, à sortir de votre zone de confort.

Notre civilisation actuelle ne favorise pas l'échec. Nous sommes dans la recherche de solutions valables et immédiates. Celui qui échoue, est souvent vu comme un raté. Les affaires, la finance, les banques donnent rarement une deuxième chance à celui qui vient d'échouer.

Des travailleurs ont peur d'échouer, car nous sommes dans une stratégie de performances et rendements. Cette peur va entraîner du stress, qui peut conduire à une dépression ou un « burn out ».

L'échec peut bien sûr nous démoraliser, mais si nous passons outre, il peut nous rendre plus fort.

La réussite trop facile peut nous monter à la tête et nous rendre faussement invincible, tandis que l'échec va nous montrer la valeur des choses.

Essayer d'être persuadé que l'échec n'est pas l'arrêt de vos projets. Prenez l'exemple de J.K. Rowling qui à ses débuts à connu une double déception : sentimentale et professionnelle. Séparée de son mari, elle perd son travail chez Amnesty International. Elle est recueillie par sa sœur, ce qui l'empêche de finir à la rue avec son enfant. Bien plus tard, après le succès de ses livres, elle confessera que c'est en touchant le fond, qu'elle a trouvé la force se rebâtir une nouvelle vie.

Thomas Edison avait l'habitude de dire : « Je n'ai pas échoué, j'ai simplement trouvé 10 000 solutions qui ne fonctionnent pas ».

La déception causée par l'échec, nous donne le sentiment que nous ne valons rien. Nous assimilons le fait d'avoir rater une opération, une action ou un service comme un échec de notre personne. Ce n'est pas parce que nous ratons un projet, que notre moi de vaut plus rien.

Les raisons de l'échec sont multiples :

1°) **Manque de connaissances.** Vous vous êtes peut-être précipiter pour réaliser votre projet. Vous ne vous êtes pas assez documentés. Rien de perdu. Prenez le temps de vous informer, repensez votre projet et essayer une nouvelle tentative.

2°) **Manque de persévérance.** Comme on dit : « Le monde ne s'est pas crée en un jour ». Vous devez absolument vous ressaisir et programmer une nouvelle tentative. Et peut-être essayer et essayer encore. Parfois également, les débuts sont euphorisants, puis, si le processus est trop long, arrive le découragement. C'est à ce moment, que vous devez mobilier toutes vos énergies pour continuer, ne pas abandonner, car à ce moment, on ne peut pas encore parler d'échec, s'est juste un manque d'enthousiasme.

3°) **Manque de confiance en vous.** Vous ne vous sentez pas capable de mener votre projet à terme ou même de le commencer. Peut-être parce que vous n'avez jamais rien entrepris, ou que vous avez tout le temps échoué ou encore parce que personne ne vous a jamais mis en confiance. C'est le moment de retrousser vos manches et de passer à l'action, pour faire mentir toutes ces vérités.

4°) **Peur de commencer.** Certaines personnes ont tout simplement peur de commencer, car une fois parti, il faudra aller au bout. Ou parce qu'elles ont peut de ne pas y arriver. Il n'y a qu'une façon de la savoir : lancez-vous !

5°) **Manque d'organisation.** Vous êtes lancés sans plan de départ, sans étapes définies. Tout projet nécessite un plan d'action détaillé qu'il faut suivre à la lettre une fois lancé. Il faut vous autodiscipliner. Vous devez vous mettre en condition pour agir, et déterminer la date à laquelle vous allez commencer. Votre plan doit essayer d'identifier les problèmes qui pourraient survenir et les solutions à apporter. Un plan d'action n'est pas forcément quelque chose de gravé dans le marbre. Vous pouvez à intervalles réguliers, revoir les étapes, et les ajuster en fonction des résultats actuels.

6°) **Pas de but bien défini.** Vous devez vous fixer un but définit à atteindre. Il faut une route à suivre, sinon pas de destination possible, pas de réalisation concrète au bout de vos efforts. Vous devez créer un plan d'action, précis, détaillé pour vous amener dans les meilleures conditions au but fixé.

7°) Un**e manque d'ambition.** Pour arriver à quelque chose de nouveau, de différent, il faut avoir l'ambition de faire mieux que d'autres. Il faut avoir la volonté de s'élever au-dessus de la mêlée.

8°) **L'hésitation.** C'est l'une des causes les plus courantes d'échec. La plupart des êtres arrivent à la fin de leur vie sans avoir entrepris quoi que ce soit car, en vain, il ont attendu "le bon moment". Ne les imitez pas ! Le "bon moment" n'arrive jamais ! Mettez-vous immédiatement à l'ouvrage avec les outils dont vous disposez. Certains se disent, quand ceci se passera, je me mettrai à l'ouvrage. Mais la condition ne se présente jamais, et la personne n'agit pas. Parfois, elle remet ce fait sur les autres, et ne veux accepter son manque d'initiative.

9°) **Les six formes fondamentales de la peur.** N. Hill, dans son livre « Réfléchissez et devenez riche », développe ce point dans son livre. Il existe six formes de peur qui font souffrir l'homme à un moment ou à un autre. Par ordre d'importante, il y a la peur :

1. de la pauvreté;
2. de la critique;

3. de la maladie;
4. de perdre l'objet de son amour;
5. de la vieillesse
6. de la mort.

Dans la plupart des cas, la peur est irréelle car elle ne présente pas un danger immédiat, ou alors nous n'avons aucune prise sur elle. Si vous laissez une peur prendre le dessus, c'est comme si vous nourrissiez la croyance en cette peur. Dans certains cas, elle peut arriver à une phobie ou devenir obsessive.

10°) **Manque de ressources.** Au départ, vous avez planifié, budgété votre projet. Mais, vous devez malheureusement anticipé une fin malheureuse et pouvoir rebondir. Il faudra alors recommencer tout depuis le début, et investir de nouveau en temps, en énergie et en argent.

11°) **Manque d'introspection.** Elle se présente à deux moments. D'abord, avant de commencer. Avez-vous les capacités et les connaissances pour mener à bien votre projet. Puis, après l'échec, faire objectivement l'analyse de ce qui s'est passé. Voir pourquoi les choses ne se sont pas terminées comme vous l'aviez planifi é.

12°) **Le refus de prendre en compte les erreurs passées.** Si vous avez déjà échoué, vous devez absolument en tirer les conclusions. Sinon pas de futur possible.

Après un échec, il n'y a qu'une bonne attitude à avoir, s'arranger absolument pour ne se retrouver dans la même situation.

A faire toujours les mêmes démarches, à avoir tout le temps les mêmes réflexions, va forcément vous amener aux mêmes résultats désastreux.

Donc, vous devez d'une manière ou d'une autre vous mettre à réfléchir différemment, à employer d'autres canaux pour espérer arriver à d'autres résultats. C'est impératif.

B) Mon expérience

Dans une vie, il y a forcément des actions, des projets ou des relations qui n'ont pas aboutis.

Pour ces cas là, je me dis, que s'ils se représentent, je n'agirai pas de la même façon. J'essaierai de faire les choses différemment.

Il ne sert à rien, maintenant de se mettre martel en tête et de se dire que dans le passé, nous n'aurions pas agit de la même manière. Il faut simplement avoir la certitude, qu'avec les informations en votre possession à ce moment là, vous avez agi de la meilleure des façons.

Souvent, la peur de commencer m'a freinée pour que j'entreprenne quelque chose. J'ai alors essayé de diminuer les incertitudes en prenant le temps de la réflexion, et le temps pour me documenter.

J'ai essayé de me mettre en situation. J'ai aussi, lorsque c'était possible, de faire, ce que l'on appelle, « un montage à blanc » ou une maquette de la réalisation future.

J'ai aussi demandé des avis et des renseignements à différentes personnes, que se soit des connaissances ou le personnel des magasins de bricolage.

C) En résumé

La créativité et comment éviter les échecs :

1°) Ayez des connaissances suffisantes ;
2°) Soyez persévérant ;
3°) Ayez confiance en vous ;
4°) Commencez sans appréhension ;
5°) Soyez organisé ;
6°) Ayez un but défini ;
7°) Ayez de l'ambition ;
8°) Surmontez vos peurs ;
9°) Ayez des ressources suffisantes ;
10°) Apprenez de vos erreurs.

10 - La créativité : Avoir confiance en soi

« L'échec, c'est seulement une opportunité de démarrer à nouveau demain, de façon plus intelligente. »
Henry Ford

La confiance en soi, est une lutte contre soi-même. Nous sentons que nous voulons, mais nous n'y arrivons pas. C'est une frustration permanente de ne pas pouvoir se comporter comme nous l'aimerions.

Avoir confiance en soi, c'est croire en son potentiel et en ses capacités. C'est croire que l'on peut réaliser les choses que l'on désire.

Notre entourage est important pour notre confiance. Nous devons essayer d'être entourer de personnes positives, ayant une vision et un dialogue honnête. Des personnes qui ne vous jugent pas, mais qui comprennent vos attentes et sont prêtes à vous aider.

Il est plus facile d'avoir confiance en soi, si vous avez déjà été mis en confiance par d'autres personnes. Si, sans vous mettre sur un piédestal, on vous a encouragé des vos actions, pensées et projets.

Beaucoup voient le manque de confiance en soi comme facteur pouvant faire de votre vie une vie non épanouie, non stimulante, non exaltante ou non heureuse.

Vous ne pouvez avoir confiance en vous, que si honnêtement vous fautes votre propre analyse en toute impartialité. Car vous devez être sincère avec vous-même, car vous êtes votre seule ressource.

A) Les causes du manque de confiance en soi

Les causes sont multiples. En voici quelques exemples :

1°) **Vous êtes négatif**. Vous voyez tout en noir. Tout est catastrophe pour vous. Les problèmes n'arrivent que chez vous et pas chez les autres. Vous voyez toujours le verre à moitié vide. Parfois, le fait de se complaire dans des pensées ou propos négatifs, est une peur de connaître une situation normale ou d'arrêter d'avoir l'attention sur vous. C'est une sorte de protection contre le monde qui vous entoure, mais cela vous enlève toute impartialité.

2°) **Manque d'assurance.** C'est ce qui se passe à l'intérieur de vous, dans votre mental. C'est avoir une mauvaise idée de soi, qui va vous bloquer dans votre démarche. Vous vous dites, à tort, que vous n'en êtes pas capable. Cela vous empêche de prendre des risques, mêmes calculés, ou de vous engager, de prendre vos responsabilités pour mener à son terme un projet ou une démarche. Dans cet état d'esprit, vous vous sentez mal, vous avez parfois honte de vous.

« Que se passe-t-il lorsque l'on ne choisit pas ? La pire des choses : il ne se passe rien. »

3°) **La peur des critiques.** Souvent, nous ne bougeons pas pour ne pas faire trop de vagues, pour ne pas déranger. Nous avons peur des critiques négatives. Le « qu'en dira-t-on ». Le regard des autres. N'oubliez pas que c'est votre vie, votre projet ou votre démarche. Parfois, les critiques sont simplement dues à de la jalousie. Jalousie des autres, car vous, vous avez le courage de changer des choses dans votre vie, de mener à bien de grands projets ou de réaliser vos rêves.

4°) **L'impression d'être inférieur.** Souvent, nous nous disons que nous ne sommes pas capables, que d'autres font ou feront les choses mieux que nous. Nous les voyons comme des personnes exceptionnelles, performantes ou intelligentes. N'oubliez pas, nous avons le même potentiel en nous. Le faut seulement le mobiliser.

5°) **Vous sentez coupable.** Le fait de changer certaines choses dans votre vie ou de réaliser des projets, va peut-être vous éloigner un peu de vos proches, ou bousculer certaines idées qu'ils avaient de vous. Vous allez à un moment ou un autre éprouver de la culpabilité de chambouler des existences ou la quiétude d'une vie confortable.

6°) **Vous voulez aller dans les détails.** Vous voulez tout faire dans les moindres détails, aller au bout des choses. Vous êtes perfectionniste. Dites-vous que la perfection n'existe pas et ne sera jamais de se monde. Y croire est une perte de temps et d'énergie, qui va vous empêcher de démarrer un projet ou de la mener à bien, en voyant qu'il pourrait y avoir quelques imperfections.

Ne laissez pas toutes ces craintes vous submerger, vous empêcher de passer à l'action.

Reprenez-vous. Respirez un grand coup, relevez la tête, bombez le torse, et avancez.

B) Mon expérience

Longtemps, j'ai été bloqué d'entreprendre plusieurs choses qui me tenaient à cœur. J'avais effectivement peur des remarques de mon entourage. De changer un peu leurs vies ou d'être moins présent. Mais, avec le temps, je me suis ressaisi et j'ai décidé de suivre mes idées, et de planifier des projets à réaliser.

Avec le recul, je vois le temps perdu à hésiter ou abandonner ce que je voulais faire.

Parfois, la vie vous offre une deuxième chance. Par exemple, en sortant de mes études secondaires, je voulais être enseignant. Mais, j'étais timide et je bégayais. Plus ou moins 13 ans plus tard, un directeur de cours de soir, où je suivais des cours d'informatique, au courant de mon parcours professionnel, m'a proposé de donner cours le soir à des adultes. J'ai commencé comme cela puis je suis passé en cours du jour avec des adolescents.

Un autre exemple. Vers mes 20 ans, j'ai été émerveillé par le livre d'Alain Guigny qui retrace son tour du monde de l'époque en vélo. J'ai voulu moi aussi partir sur les routes découvrir le monde. Mais, je ne l'ai pas fait. Par peur, par manque de moyen, par crainte de la colère de mes parents. Maintenant, je planifie de grands voyages que je ferai dans 2 ou 3 ans.

Un dernier exemple. Une envie aussi était d'ouvrir un commerce. Mais, seul, je ne me sentais pas capable de le faire. La vie à mis sur mon chemin celle qui deviendra ma compagne, et sur son idée, à nous deux, nous avons ouvert notre commerce.

Croyez à la vie. Croyez dans vos capacités. Faites ce qu'il faut pour arriver à réaliser vos projets. A vous réaliser.

C) En résumé

Retrouver votre confiance en vous. Voici quelques pistes :

1°) Ayez des connaissances suffisantes ;
2°) Faites une liste des difficultés possibles ;
3°) Arrêtez de vous dévaloriser ;
4°) Changez vos habitudes ;
5°) N'imitez pas, ne comparez pas, soyez vous-même ;
6°) Acceptez vos erreurs ;
7°) Fixez-vous des objectifs ;
8°) Acceptez-vous tel que vous êtes ;
9°) Oubliez vos défauts ;
10°) Donnez-vous le droit à l'erreur ;
11°) Ne faites pas attention au regard des autres ;
12°) Ne retenez que les émotions positives ;
13°) Valorisez-vous, soyez fier de vous et de votre vie ;
14°) Faites-vous une fête de vos réussite, si petites soit-elles ;
15°) Restez centrer sur les objectifs, ne vous disperses pas.

11 – La créativité : pourquoi, comment ?

« La créativité est une surprise continue »
Ray Bradbury

Sans vouloir révolutionner le monde, vous pouvez être créatif dans votre quotidien. Si vous n'avez pas l'âme d'in Steve Jobs, d'un Bill Gates, d'un Thomas Edison ou d'un Henri Ford, vous pouvez malgré tout révolutionner votre quotidien.

Etre créatif dans son quotidien, cela peut simplement vouloir signifier : être plus organisé, être plus attentif à votre planning, être plus soucieux de vos rangements, etc.

Ne vous dévalorisez pas, ayez confiance en vos capacités. Tout être humain peut avoir des pensées créatrices.

Il n'est pas forcément devoir trouver une idée comme l'électricité ou le Smartphone, vous pouvez être créatif en cuisinant un potage hors du commun, en organisant une soirée, en choisissant un habit, etc.

Evidemment, si votre vie actuelle vous convient, alors ne changé rien. Mais dans le cas contraire, c'est que vous n'êtes pas satisfait de votre routine, du convenu, de l'ordre suivant lequel les choses se passent actuellement.

Comme nous l'avons vu précédemment, il vous faut absolument penser différemment, briser certaines convenances, certains faits établis dans votre vie.

Si vous voulez arranger votre appartement ou votre maison différemment, faites-le !

Si vous désirez habiter dans un endroit qui vous inspire, mais qui est peut-être loin de certaines choses ou de certaines personnes, essayez-le !

Si vous voulez faire le tour du monde, mais que vous être réticent à cause de certaines remarques de votre entourage, passez au-dessus, faites-le !

La créativité a besoin d'encouragement pour se manifester. Les idées négatives sont ses pires ennemis.

La créativité, c'est aussi se donner les

moyens de réaliser de grands projets ou des rêves.

Au jour le jour, la créativité peut se marquer par votre contentement de voir vos invités apprécier les mets préparer en leur honneur. Cela peut-être dans votre couple, de voir une attention partagée. Dans votre travail, une idée que vous avez soumise à votre hiérarchie.

Partez pour une promenade inspirante, dans le calme, en forêt ou à travers champs. Asseyez-vous, laissez vous imprégner de l'endroit, ressentez les odeurs, écoutez les bruits proches et lointains. Laissez votre imagination vagabonder, laissez-vous aller à vous émotions. Respirez profondément. Détendez-vous. Les solutions viendront à vous, laissez votre intuition vous guider.

La créativité va vous permettre de renouveler votre vie, vos ambitions, vos attentes. Elle va vous permettre de respirer différemment, de voir le monde qui vous entoure d'une autre façon, d'en quelque sorte de le redécouvrir.

Etre créatif va vous permettre d'être différent. Des études ont démontré que des personnes créatives sont :

- Plus expressives ;
- Plus confiantes en elles ;
- Plus apte à explorer leur personnalité ;
- Plus curieuses ;
- Plus à affirmer leur identité ;
- Plus à même de composer avec la vieillesse ;
- Plus à même de composer avec les maladies ;
- Moins stressées ;
- Plus dans le bien-être ;
- Plus à même de repousser leurs limites ;
- Plus attentives à leur personne, à respecter leur rythme/

Etre créatif est un indispensable pour avoir une vie plus épanouie, plus en adéquation avec nos aspirations.

A vous de jouer. Il ne vous reste plus qu'à réveiller l'enfant qui sommeille en vous.

12 - La créativité : Exemple de séminaire

« La créativité implique la transgression entre domaines et ouvre à d'autres dimensions du potentiel humain».
Csikszentmihalyi

Par les lignes suivantes, je vais vous faire partager mon expérience d'un séminaire de créativité. Celui-ci s'est déroulé sur un week-end.

A) Présentation du maître de stage

Le stage commence par la narration par le maître de stage de l'histoire de « P'tit brin de coq » à une trentaine de participants.

Cette histoire d'un petit coq à une patte, qui va traverser une série d'épreuves qu'il résoudra mal pour se retrouver finalement au-dessus d'un clocher, nous plonge directement dans ce que certains participants nommeront le pays « d'absurdie ».

Le maître se stage se présente alors à la façon du mandarin chinois. Il nous demande, à tour de rôle, de lui poser la question : « Si vous étiez... (quelque chose ou quelqu'un) ».

Cette façon de procéder empêche des contradictions qu'auraient apportées un « présentation sociale ». Cela permet de travailler sur des métaphores. Chacun peut construire le portrait qu'il désire du personnage par une approche plus globale de ses caractéristiques.

La réponse à des questions telles que : « Si vous étiez un vêtement ? » ou « Si vous étiez un sentiment ? » ou « Si vous étiez un dicton ? » ne donne à première vue aucune indication précise sur la famille et le lieu d'habitation de l'interlocuteur, mais il y a déjà un certain effort d'imagination, pour approcher plus intimement la personne.

Pour le cas du maître de stage, voici les questions posées et les réponses données. Si vous étiez...

Un arbre	un chêne solitaire au milieu d'un vallon ardennais
Un vêtement	gentlemen farmer
Une couleur	brun
Un roi	le roi Minos
Une voiture	une Opel frontera
Un livre	le grand Meaulnes
Une émission TV	Histoires naturelles
Une femme	Coco Chanel
Une loi	donner les mêmes droits à tous
Un pays	la Crêtes

B) Notre présentation

Nous nous présentons à l'aide d'une carte tirée au sort, dont nous découvrons l'image au dernier moment.

Cela va nous obliger à parler de nous à partir de stimuli d'une image. Une fois la carte tirée, nous devons directement, donc sans réfléchir, dire à quoi l'image nous fait penser.

La deuxième forme de présentation qui nous est proposée, est faite à partir d'un cercle autour duquel nous dessinons cinq branches.

Au bout de chacune d'elles, nous inscrivons le premier mot qui nous vient à l'esprit, sans chercher s'il y a une logique ou un sérieux dans les réponses.

A chacun des cinq mots, nous dessinons trois branches au bout desquelles nous inscrivons, de nouveau, trois mots (cela fait au total mots).

Nous passons la feuille à notre voisin, qui doit choisir deux mots : un qui semble lui convenir (il se fait alors l'avocat de l'ange) et un autre qui semble ne pas lui convenir. Le voisin récupère sa feuille.

A l'aide de ces deux mots, il doit trouver le titre d'un livre et en rédiger une sorte de jaquette et la lire à tout le groupe.

Cet exercice nous montrer que nous avons des ressources pour produire et faire produire.

Pour ma part, voici le résultat de ce petit jeu :

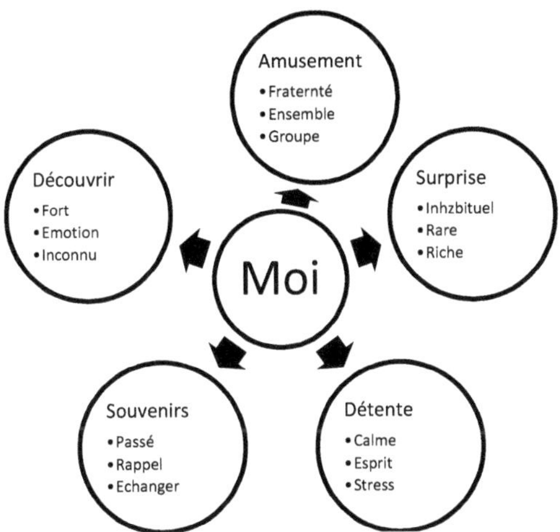

Ma voisine avait choisi comme mot qui semblait convenir : passé, et comme mot qui semblait le moins convenir : calme.

La jaquette du livre que j'ai rédigé, porte le titre de : « Le calme du passé », dont voici le texte :

> Stockholm, Copenhague, Pérouse, Varsovie, Gênes, Leningrad, Vienne, Zurich, Lisbonne. Des villes, des expériences professionnelles, des déceptions sentimentales. Une vie ballotée et instable au gré des déplacements. L'erreur fatale de laisser mal tourner. Mais, au bout, l'arrivée dans un havre de tranquillité, de stabilité et de calme.

Une troisième forme de présentation consiste, à tour de rôle, de monter sur une table, face au groupe, et de dire cinq fois : « Ce que j'aime en moi c'est... ». C'est-à-dire se trouver cinq qualités et les affirmées devant le groupe.

Cela doit nous permettre d'avoir une pensée positive (c'est-à-dire de nous permettre de nous dégager d'un problème), de s'aimer pour avoir et rendre une bonne image de soi.

Pour ma part, ce que j'aimais en moi ce jour là c'était : mon humour, mon nouveau rôle de père (mon fils était né quelques mois plutôt), ma disponibilité, mon endurance et ma grandeur.

C) Les bases du stage

Durant la suite de la matinée, par l'intermédiaire d'un exercice de logique qui va nous montrer que nos normes sont un blocage à la créativité.

Grâce à cet exercice, nous nous apercevons que nous avons une pensée convergente, c'est-à-dire qu'à un problème correspond une solution qui est le fruit de notre pensée modelée, façonnée suivant des normes depuis notre jeunesse.

Le paradoxe apparaît alors : les normes sont un blocage à la créativité, mais elles en sont aussi un stimulant, parce que nous agissons dans un « périmètre donné », et nous savons que dans ce cadre tout est permis.

C'est par des esprits créatifs que l'on fait sans cesse reculer l'espace des normes, ce qui donne de plis en plus de place à nos idées. Cela demande certains changements, car la créativité est non sécurisante pour les normes, elle oblige de penser autrement, différemment des modèles enseignés.

Créatif est souvent synonyme de « hors normes », à contre courant, sortir de sa zone de confort.

L'exercice était de donner l'élément dont la place était illogique dans une des listes proposées. Voici un exemple de liste : tulipe, rose, tomate, muguet et coquelicot. La logique voudrait que l'on réponde la tomate, puisque c'est la seule à avoir une fleur. Mais on pourrait répondre aussi la rose, parce que c'est la seule à avoir des épines. On pourrait également répondre le coquelicot, parce que c'est le seul qui est uniquement rouge. En fait, à la fin de l'exercice, on s'aperçoit que tous sont spéciaux et différents.

Dans la réalité, il y a des exemples de créativité pure, par exemple : le trombone, le Renault Espace, le Post-it ou la réglementation suédoise sur la pollution le long des fleuves (ce problème a été résolu par un arrêté de cinq lignes, qui oblige chaque entreprise à rejeter ses eaux usées en amont du lieu de pompage).

Après cet exercice, nous posons alors les bases du stage.

La première base concerne le traitement d'un problème. La réalisation de tout problème passe par quatre phases :

1°) la phase d'incubation
2°) la phase d'illumination
3°) la phase de vérification

4°) la phase de mise en œuvre

La phase d'incubation et la phase d'illumination concernent la partie droite de notre cerveau. Les phases de vérification et de mise en œuvre concernant la partie gauche de notre cerveau. Il n'y a donc pas de créativité sans les deux parties du cerveau.

En créativité, on met dans une « boîte noire » (qui est notre cerveau), un problème, de l'information et une solution possible. On « secoue » le tout pour voir ce qu'il va en résulter.

Tout au long de ce stage, on travaillera essentiellement avec la partie droite du cerveau, aidé en cela par les consignes suivantes :

1°) **LA FLUIDITE :** La capacité de produire le plus possible d'idées, sans penser à leurs cohérences, à leurs conformités ou à toutes autres normes.

2°) **LA FLEXIBILITE :** La capacité de produire des idées de registres différents, de tout « azimut ».

3°) **L'ORIGINALITE :** La capacité de produire des idées peu fréquentes, nouvelles.

4°) **L'ELABORATION :** La capacité de produire une idée construite, développée.

Cette démarche sera suivie tout au long du séminaire, dans la résolution des exercices proposés, aidés par le C, Q, F, D :

C onsigne abolie
Q quantité d'abord
F arfelu bienvenu
D émultiplication systématique

Dans le même genre d'idée, il y a aussi (en anglais) creativity :

C « combine » : combiner
R « reverse » : inverser
E « enlarge » : agrandir
A « adapt » : adapter
T « tinier » : réduire
I « instead of » : substituer

V « viewpoint change » : changer de point de vue
I « in other way » : réarranger
T « to other uses » : utiliser autrement
Y « yes ! yes ! » : oui ! Oui !

D) Les différentes méthodes

Nous avons travaillé suivant plusieurs méthodes :

a) La première méthode : la reconnaissance du monde

Elle passe par le fait de se repasser par les idées d'un enfant, se reposer les questions qu'un enfant se pose.

Par l'intermédiaire d'une réflexion divergente, faire de la « défectuologie », c'est-à-dire voir tous les défauts d'un objet.

Nous sommes répartis en plusieurs groupes, généralement de 4 à 6 personnes. Chaque groupe à trois objets :

- Un objet courant, que l'on ne remet pas en question, par exemple : un peigne ;
- Un objet relatif à la sexualité ou le corps, par exemple : les produits ou appareils épilatoires ;
- Une institution, par exemple : la scolarité obligatoire.

Le processus de réflexion peut être divisé en trois parties :

1°) On retrouve d'abord des idées auxquelles on a déjà pensé, c'est la phase de purge ;
2°) il y a ensuite une période moins productive, c'est la phase de fléchissement ;
3°) Pour finir, il y une deuxième phase de production, celle où l'on va trouver l'idée pertinente.

Mon groupe avait donc les trois éléments cités ci-dessus.

Pour l'obligation scolaire, voici les défauts que nous avions trouvés :

- Elle n'est pas intéressante parce que cela use les fonds de culottes ;
- On n'a pas assez de temps pour les vacances ;

- Elle revient chère pour les parents, les enfants ne sont pas rentables ;
- C'est un autre endroit pour se faire « chier » ;
- « abat les profs »
- Elle bloque des locaux pour les SDF ;
- « Foutez-moi la paix »
- C'est bien fait pour eux, chacun son tour ;
- Pourquoi l'école, alors que la vie est pleine d'enseignement ?
- On oblige à la création de poteaux indicateurs « Attention sortie d'école » ;
- On oblige à la création d'infâmes cantines scolaires ;
- On oblige les contacts humains ;
- On oblige les gens à venir enseigner.

Cet exercice nous force à nous reposer des questions sur des choses qui nous semblent évidentes, pour nous obliger à en trouver tous les défauts, donc à reconsidérer l'objet sous un nouveau jour, se mettre à la place d'un concepteur pour refaire un produit plus performant.

b) La deuxième méthode : la méthode antithétique

Son but est de nous obliger à explorer des zones de notre cerveau en dehors de toute contingence immédiate. Il faut absolument se situer « ailleurs et pas maintenant ».

Chaque groupe a un thème sous forme de questions. Il faut créer un jeu scénique à présenter devant les autres groupes. Les deux parties de la question sont tirées au sort, sans qu'il y ait une cohérence l'une avec l'autre. Voici le résultat de notre tirage :

- Comment pratique-t-on la religion ....chez les très très très beaux habitants des îles de corail ?
- Comment traiter un malfaiteur ....chez les très gros et très vulgaires habitants du pays d'obésité ?
- Comment prendre soin de son corps ....chez les déprimés maussades et cafardeux du fond des grottes ?

Notre groupe a eu comme sujet : comment pratique-t-on la religion chez les très très très beaux habitants des îles de corail ?

La religion des habitants des îles de corail est une religion basée sur la beauté. Chaque habitant est employé à vénérer cette beauté.

Le lundi : prier sous l'eau devant le corail.
Le mardi : avaler 3 huitres qui auront séchées au soleil.
Le mercredi : les plus plus plus beaux coralliens feront l'amour aux plus belles belles belles coralliennes et récolteront le fruit de leur amour dans un coquillage pour le lendemain.
Le jeudi : s'enduire les zones intimes avec la récolte de la veille.
Le vendredi : les coralliens qui n'auront pas produit suffisamment feront pénitence en se frottant sur les coraux.
Le samedi : ils pratiquent la danse du corail.
Le dimanche : les très très très beaux coralliens qui auront passé la semaine sans encombre se feront masser par l'ensemble de la communauté pour garder l'élasticité de leur peau.

Nous passons la soirée par un exercice qui est une activité intimiste. Chaque groupe doit concevoir, élaborer, préparer et présenter quelque chose qui va faire profondément plaisir à l'ensemble des personnes présentes au stage ou leur procurer des sensations agréables. C'est en fait offrir un cadeau, un cadeau heuristique (créatif).

Par exemple, un groupe nous permet de faire un voyage imaginaire, un autre groupe nous permet de nous défouler en nous faisant crier à l'unisson des injures.

Nous terminons la journée par un exercice de pensée positive à propos de la journée écoulée. Chacun à son tour doit, devant le groupe, dire la phrase : « ce qui m'a le plus étonné en moi aujourd'hui, c'est.......... ».

A la personne de trouver en quoi elle s'étonne, en quoi il lui semble qu'elle s'est surpassée. Les participants, comme moi-même, étaient, dans l'ensemble, surpris de quoi ils avaient été capable pendant cette journée.

c) <u>La troisième méthode : la méthode analogique</u>

La deuxième journée, nous commençons par le jeu du mandarin chinois, mais dans ce cas, pour trouver un personnage. Le fait de la comparer à toute une série de choses, autres que celles qui le concernent directement, nous offre la possibilité de nous en faire une image personnelle.

La démarche mentale que nous avons effectuée, c'est trouver un lien, un rapport, une analogie entre un personnage (dans notre jeu Tintin), et une profession (dans notre exemple Globe trotter).

Certaines des questions posées étaient les suivantes. Si le personnage était... :

Un fruit	exotique
Un sport	voile solitaire
Un pays	la Belgique
Une émission TV	la sienne
Une couleur	la jaune
Un homme politique	renverser les dictatures
Une musique	un opéra
Etc.	

Le principe de l'analogie est quand on ne trouve pas de solution à un problème, on cherche et on trouve des solutions similaires, analogiques. L'analogie est donc quelque chose de similaire, contrairement à l'association qui est deux idées liées ensemble.

L'analogie peut être dans :

- La culture religieuse : la parabole
- La littérature : la fable
- En dessin : le schéma

Un exemple, celui du robinet :

- L'association, c'est : rivière, plombier, seau, etc.
- L'analogie, c'est : interrupteur, shunt, barrage, écluse, vanne, etc.

L'analogie libère donc du problème direct, et permet d'expliquer des choses inexplicables.

L'exercice consiste pour chacun des groupes, à écrire et présenter une fable (qui est une morale sous forme d'image). Chaque groupe tirera un titre au sort, présentera le texte, et le reste des participants devront en deviner le titre.

Les sujets proposés étaient :

- On ne peut se conserver en bonne forme mentale, que si l'on se remet souvent en question ;
- L'exercice du pouvoir est dangereux pour la personnalité ;

- Les institutions ne se réforment pas, elles disparaissent ;
- Il y a autant de vérités que de personnes ;
- Une organisation trop poussée finit par paralyser ;
- Il ne faut pas confondre les buts et les moyens.

La fable écrite et présentée par mon groupe est la suivante :

Monsieur et Madame Q.I. ont l'immense joie de vous annoncer la naissance de leurs jumeaux : Cogite et Cogite pas.
Leur enfance et leur adolescence se déroulent sans encombre. Cogite se pose énormément de questions sur l'existence de son frère. Cogite pas quant à lui, ne se tracasse de rien et suit son petit bonhomme de chemin.
Jusqu'au jour, où pour leur dix-huit ans, Monsieur et Madame Q.I. leur offre un voyage au Sénégal. Malheureusement, l'avion s'écrase en plein désert. Il n'y a que deux survivants : Cogite et Cogite pas.
Ils n'ont aucun matériel d'orientation et ils ne parviennent pas à se mettre d'accord. Ils se séparent et partent chacun dans une direction opposée.
Cogite, cogite, médite. Il se dit que tout n'est pas perdu. Tant qu'il y a de la vie, il y a de l'espoir. S'aidant des astres, il parvient à Dakar, l'esprit joyeux.
Cogite pas, ne cogite pas. Il part au hasard, tourne en rond, retourne en rond et re-retourne en rond. Epuisé, il s'écroule, le cerveau vide et agonise la bouche dans le sable.

Le titre à deviner est : « On ne peut se conserver en bonne forme mentale qu'en se remettant souvent en question ».

A la suite des présentations, un groupe semblait avoir produit moins, en quantité et en originalité, que la moyenne des autres. Il ressortait de leur autocritique :

- qu'il avait fait un investissement libidinal, c'est-à-dire qu'ils avaient laissé parler leur désir personnel : ils ont fait un investissement sur le travail et sur la tâche. C'est un élément d'inefficacité dans un groupe ;
- en créativité, l'individu n'est qu'un moyen pour le but à atteindre, qui est la production finale ;
- le groupe peut être moteur, c'est-à-dire entraînant, mais aussi limitatif si chacun travail pour lui-même.

La partie exaltante de la créativité, est la possibilité d'oser sans cesse, de jouer avec ses limites, de les apercevoir, de les toucher et finalement de les repousser.

C'est-à-dire oser au niveau de l'élaboration (qui se passe dans la partie gauche du cerveau), ce que la fluidité, la flexibilité et l'originalité ont crée (qui se passent dans la partie droite du cerveau).

d) <u>La quatrième méthode : la méthode combinatoire</u>

Par l'intermédiaire de trois exercices, il faut combiner au hasard des éléments qui n'ont rien à voir entre eux, et regarder ce qui va en sortir.

Les trois activités proposées sont :

- Une activité graphique : travail individuel où le groupe est une contrainte ;
- Une activité collective par sous-groupe où il faut inventer de façon uniquement mentale des objets, à partir de trois objets de bases tirés au sort, qui apporteraient des solutions à des problèmes ;
- Une activité un plus intimiste, littéraire et individuelle, jouer avec les mots.

Pour ma part, je vais vous détailler la troisième activité à laquelle j'ai participé.

Dans une série de chiffre de 1 à 18, il a d'abord fallu effectuer quatre tirages : deux tirages de trois nombres et deux tirages de quatre nombres.

Ensuite, sur une liste de 18 « pensées sauvages », il a fallu prendre, par tirage, les phrases correspondantes aux numéros tirés, et faire une nouvelle phrase ou une nouvelle pensée, reprenant au moins un mot de chacune des phrases tirées au sort.

Par exemple, nous avons choisi un tirage de trois nombres : les 8, 9 et 5, ce qui donne :

Phrase 8	Je trouve d'abord, je cherche ensuite
Phrase 9	Bien entendu, la recherche et la découverte ne vont pas sans un certain désordre
Phrase 5	A quoi sert la recherche ? A quoi sert un enfant ?

Notre groupe a alors fait les phrases suivantes :

- Bien entendu, je cherche et je trouve
- Un certain désordre sert d'abord un enfant
- Je cherche bien entendu à quoi sert un enfant
- Un enfant cherche la découverte

e) L'activité de synthèse

Le séminaire se termine donc par une activité de synthèse. Nous devons choisir le domaine où nous nous trouvons, un lieu de 20 mètres sur20, l'explorer et y appliquer toute notre créativité pour y vivre pendant un week-end. Il nous faut donc appliquer F, F, O, E et C, Q, F, D.

Le groupe auquel je participais avait trouvé ce qui suit :

Nous sommes en juillet. Il fait 35° à l'ombre. Le ciel est bleu, il n'y a pas un seul nuage à l'horizon.

Nous avons tellement chaud que nous décidons de vivre nus pour nous sentir proche de la nature. Nous coupons quelques branches qui vont nous servir de couche pour la sieste et la nuit.

Nous nous roulons dans l'herbe folle, afin de nous purifier de tout le stress accumulé tout au long de l'année.

Allongé au soleil, la sueur perle sur nos corps blancs néons, pour nous rafraîchir, nous plongeons dans la piscine, afin de nous débarrasser de toutes nos impuretés. Nous sortons de la piscine pour nous rouler un pétard à base d'herbes séchées, pelouse, aiguilles de pin, feuilles de bouleau, fruits de cotonéaster, etc.

La nuit sous les sapins, nous nous réchauffons sur l'épaule virile d'un des garçons. Le matin, nous sommes réveillés par le chant des oiseaux et du coq.

Qu'est-ce qu'on se sent bien ! Vivement demain !

f) Conclusion

Ce séminaire ouvre des perspectives insoupçonnées. On s'aperçoit qu'il y a au fond de chacun de nous un potentiel immense, des ressources qui dans un contexte donné, ne demande qu'à s'exprimer, s'épanouir.

La créativité est, à mon avis, comme le puits de pétrole, enfuie au fond de chacun de nous, cette richesse est là, dans notre cerveau, prête à être exploitée, dévoilée.

Un séminaire de créativité demande une plongée complète du participant. Il faut oublier le monde extérieur, sa famille et ses problèmes pour qu'il soit entièrement bénéfique.

L'intégration à un groupe est une chose essentielle. Chaque membre du groupe est une pièce maitresse indispensable pour la réalisation des exercices ou des objectifs demandés.

Le retour à la réalité est d'autant plus difficile et long, que l'immersion a été complète et intense.

Pour ma part, ce fut une expérience enrichissante, joyeuse, instructive, angoissante parfois, mais toujours bénéfique. Une expérience de laquelle, il m'a fallu une bonne semaine pour revenir dans le « train train » quotidien.

Mais quelle expérience ! Quels moments enrichissants !

13 – La créativité : Citations

« L'imagination est le début de la création. Imaginez ce que vous voulez, poursuivez ce que vous imaginez et enfin, créer ce que vous poursuivez ».

George Bernard Shaw

« Le seul endroit où vos rêves sont impossibles, c'est dans votre tête ».

R. Schuller

« Vous ne pouvez pas épuiser votre créativité. Plus vous l'utilisez, plus vous en avez »

Maya Angelou

« La créativité c'est inventer, expérimenter, grandir, prendre des risques, briser les règles, faire des erreurs et s'amuser »

Mary Lou Cook

« La créativité est une fleur si délicate que, bien que les compliments la fassent s'épanouir, le découragement peut l'empêcher de fleurir »

Alep Osborn

« Faites chaque jour quelque chose qui vous effraie »

Eleanor Roosevelt

« Créer, ce n'est pas reproduire ce qui existe déjà, ce n'est pas non plus faire « une belle image », mais faire « à » son image »

Philippe brasseur

« Un homme créatif est motivé par le désir de réaliser, pas par le désir de battre les autres »

Ayn Rand

« La créativité et le génie ne peuvent s'épanouir que dans un milieu qui respecte l'individualité et célèbre la diversité »

Tom Alexander

« La créativité nécessite le courage de se débarrasser de ses certitudes »

Erich Fromm

14 – La créativité : Conclusion conventionnelle

" La créativité est un concept assez flou, lié dans nos esprits à l'expression artistique, à la recherche scientifique, à la création technologique, à la communication visuelle et auditive, à l'éducation, aux comportements personnels, aux mouvements sociaux. Elle signifie : adaptation, imagination, construction, originalité, évolution, liberté intérieure, puissance poétique, prise de distance par rapport au donné "

Fustier

A notre époque, l'homme peut lire à livre ouvert le grand livre de l'univers, faire rentrer le réel dans ses exigences quotidiennes, faire part de ce qu'il pense avec des mots, des images et des sons, mettre en forme des espaces, des couleurs.

Ce sont des principes, des pouvoirs qu'il détient, et qu'on lui a transmis au fil des générations. Mais, à un moment donné de son histoire passée, des hommes illuminés par une idée, se sont battus parfois pour l'imposer. AU début, la plupart du temps dérangeante, elle s'est imposée petit à petit pour devenir incontournable et indispensable de nos jours.

Comme l'a écrit Florence Vidal : « On dirait, en voyant agir l'homme, qu'il oublie qu'il est le premier concerné par ce qu'il fait. Curieux oubli, en vérité, que celui de soi-même lorsque l'on risque de devenir victime de ses propres activités ».

L'homme est assailli de toute part par les imperfections de sa vie au quotidien. Mais, il considère comme absolument normal le gaspillage de denrées, de temps pour améliorer son environnement et de vies humaines dans plusieurs coin de la planète. Il y a comme une résignation, de la méfiance à bouger pour solutionner un problème. Que de palabres, parfois, pour arriver la plupart du temps à quelque chose d'insignifiant.

Il faudrait redonner le goût du risque, du risque créatif. La possibilité à un niveau plus élevé que l'école ou un séminaire, de pouvoir faire part de ses idées sur des problèmes de sociétés. Mais surtout avoir en face de nous des interlocuteurs valables, qui ne considèrent pas directement comme farfelu et irréalisable une idée, parce qu'elle sort de l'ordinaire ou de la norme. Parce que l'on n'a jamais entendu quelque chose de telle, ou parce que cela n'a jamais été fait. Si on aurait suivi ces principes au temps des grandes découvertes, on ne connaitrait aujourd'hui que le coin de sa rue.

On le dit toujours, il faut changer quelque chose dans les mentalités pour avoir une pensée positive, divergente, enlevé ses œillères et voir ce qui est autour de nous et s'en servir pour un meilleur demain.

Il faut que l'on sorte de notre médiocrité quotidienne du point de vue de l'imagination, pour offrir aux autres des productions intéressantes et originales.

Mais, cela n'est pas possible si chacun reste dans son coin, réfléchit seul sur un problème.

Nous devons redécouvrir également la providence que peut apporter un groupe du point de vue de la connaissance de l'individu et des relations qu'il peut y avoir entre eux.

Il faut que l'on prenne conscience que la situation actuelle, nous l'avons créée, et qu'il n'y a pas de fatalisme.

Nous sommes libres de choisir notre voie, une autre voie, de tout améliorer, de créer un autre monde. Un peu de créativité que diable !

15 – La créativité : Conclusion non conventionnelle

« La créativité c'est percer le banal pour trouver le merveilleux ».
BILL MOYERS

En espérant que la lecture de ces quelques pages fut plaisante, que votre motivation nouvelle vous fera sortir de votre attentisme, et de votre engloutissement cérébral, voici quelques lignes, libérées de toute censure, pour vous réconforter lors de votre retour à la vie normale, c'est-à-dire lorsque vous refermerez ces pages :

Nous voici de nouveau branché
Sur le hasard avec des générateurs diesel à la place du cœur
Et des pompes refoulantes au niveau des idées.
Le vent souffle à travers nos crânes LG Océanique couleur
A la page 144 de son programme
La petite cover-girl emballée sous cellophane
S'envoie en l'air à l'Ajax WC.
Orgie de silence et de propreté
Où celui qui aurait quelque chose à dire
Préfère se taire
Plutôt que d'avoir à utiliser
Son formulaire d'autorisation de délirer.

16 – Bibliographie

1°) FUSTIER, M. (1976), Pratique de la créativité, ESF

2°) de BRABANDERE, L. (1989), Le latéroscope, La renaissance du livre

3°) JAOUI, H. (1979), Manuel de créativité pratique, EPI

4°) JAOUI, H. (1979), Clefs pour la créativité, Seghers

5°) VAN OECH, R. (1986), Créatif de choc, Businessman/first

6°) VERALDI, G. (1972), Psychologie de la création, CEPL

7°) VIDAL, F. (1977), Savoir imaginer, Paris : Robert Laffont

8°) POMERAND, G. (1962), Le petit philosophe de poche, Paris : Librairie générale française

9°) Petit Robert : dictionnaire de la langue française, Paris : Le Robert

10°) Nouveau dictionnaire étymologique et historique, Paris : Larousse

11°) Pépin, C. (2016), Les vertus de l'échec, Allary Editions

12°) Pépin, C. (2018), La confiance en soi, Allary Editions

Printed by Books on Demand GmbH, Norderstedt / Germany